FRAGMENTS
BIOGRAPHIQUES.

Le Mémoire (Loi universelle ou *Attraction de soi pour
soi*), compris dans le recueil des Études progressives
d'un Naturaliste, in-4°, 1835, se trouve pareillement à la librairie de l'éditeur M. Pillot.

PARIS. — IMPRIMERIE ET FONDERIE DE JULES DIDOT L'AINÉ.

BOULEVART D'ENFER, N° 4.

FRAGMENTS
BIOGRAPHIQUES,

PRÉCÉDÉS

D'ÉTUDES SUR LA VIE, LES OUVRAGES ET LES DOCTRINES

DE BUFFON.

PAR

GEOFFROY SAINT-HILAIRE.

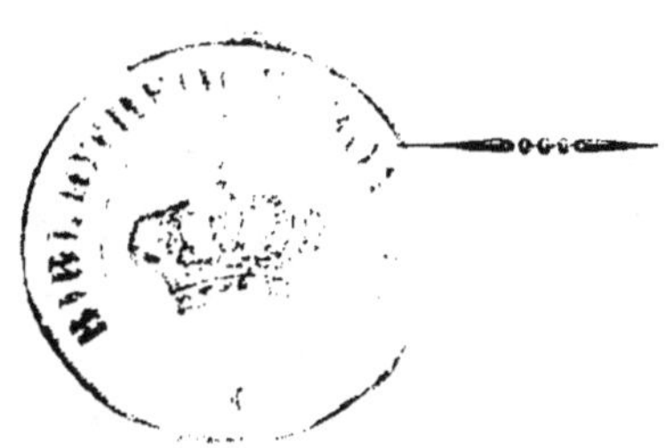

PARIS

F. D. PILLOT, LIBRAIRE-ÉDITEUR,

RUE SAINT-MARTIN, N. 173.

1838.

Au souvenir des glorieux progrès
De la Philosophie naturelle ;

Principe, dans le développement de l'humanité, d'une ère nouvelle,
Commençant à la découverte du système astronomique

Par KEPPLER ET NEWTON ;

Et se continuant sous l'autorité des conceptions unitaires,
Sur la vie harmonieuse de l'univers,

Par BUFFON ET GOËTHE.

AVANT-PROPOS.

Ce livre se compose en grande partie de réimpressions :
mais je ne l'eusse point entrepris sans une idée qui me
préoccupe vivement. C'est que par cet ouvrage, j'offre une
lecture anecdotique et attrayante à la généralité des esprits, et, que par une sorte de filiation, je puis, de plus,
les engager à prendre connaissance de mon précédent
ouvrage : *Notions de philosophie naturelle*. Il n'est point
de livre plus abstrait et qu'il faille par conséquent
étudier plus soigneusement, avant de songer à l'admettre dans la pensée publique.

Que de temps il a fallu pour qu'on s'accoutumât au
mot *attraction*, et qu'on en comprit le sens étendu et la
valeur d'application. C'est au plus si la durée de deux
siècles et la puissance des deux grandeurs intellectuelles,
celles de Keppler et de Newton, sont parvenues à y amener l'humanité.

Que de temps il faudra pareillement pour passer à cette
autre formule : *attraction de soi pour soi*, cet événement
de pensée progressive ; idée, qui contient peut-être le

dernier mot de la création; c'est-à-dire, une vue que l'éternel architecte aurait laissé pénétrer, et qui aurait déjà dans l'antiquité été aperçue par des révélations ainsi exprimées : « *Idemque rerum naturæ opus, et rerum ipsa natura.* »

Napoléon, enfant de 15 ans, fut animé d'un sentiment de mutinerie contre Newton, rejetant l'idée et le mot isolé d'*attraction*, que son génie précoce jugeait privé d'universalité.

J'ai souhaité cette occasion de présenter de telles idées dans une préface courte, et de les recommander en écrivant le présent opuscule : *Études sur la vie, les ouvrages et les doctrines de Buffon.*

Keppler était un génie de la trempe de Buffon, qui fut peut-être tenu à encore plus d'efforts d'imagination et d'invention que Newton lui-même. J'ai désiré m'étendre sur ce premier philosophe des temps de la renaissance; j'avoue que je l'ai assez opiniâtrement tenté et que je n'y ai renoncé qu'en m'y reconnaissant inhabile et impuissant.

Newton, autre gloire et aussi magnifique intelligence, fut plus heureux : ayant gardé plus de réserve dans ses vues synthétiques, l'invention du *système du monde* lui est restée exclusivement attribuée. J'ai touché ces questions vers la fin de mes études progressives, en 1835, dans mon écrit ayant pour titre : Loi universelle.

BUFFON.

ÉTUDES

SUR LA VIE, LES OUVRAGES ET LES DOCTRINES DE BUFFON

Réimpression faite d'après le FRONTISPICE d'une seconde édition des *OEuvres de Buffon* du libraire F. D. PILLOT (rue Saint-Martin, n° 173), et que cet éditeur appelle : BUFFON-SAINT-HILAIRE.

BUFFON.

I.

Il n'y eut jamais plus d'empressement que dans l'époque actuelle à reproduire l'œuvre monumentale de Buffon. La plupart des grandes librairies de Paris et quelques-unes à l'étranger viennent d'en donner des réimpressions promptement écoulées; et déja de nouvelles publications redeviennent nécessaires. Dans ces hommages rendus au génie de Buffon, sont les signes d'un grand progrès scientifique, une révélation de la marche des idées philosophiques : je vais essayer de dire comment.

Les lumières et le savoir profond du XIXe siècle s'identifient aujourd'hui avec les écrits de notre grand naturaliste, publiés de 1749 à 1788, quand au contraire le siècle précédent ne s'était ému que devant la magnificence de son style. Pour que les prévisions du génie de Buffon, pour que la valeur de ses pensées et la portée de ses conceptions fussent dignement appréciées, il fallait que l'humanité eût perfectionné sa raison et fût entrée profondément dans le savoir philosophique des choses.

Ceci, qui ne fut point d'abord aperçu, laissa Buffon incompris durant un demi-siècle; mais aujourd'hui on revient à ses conceptions sur les rapports des êtres, comme à des prophéties déja placées dans le souvenir des hommes, et dont les progrès récents de la science permettent mieux de jour en jour l'intelligence.

D'ordinaire, quand c'est d'une œuvre philosophique qu'il s'agit, on voit percer d'abord quelques témoignages d'hésitation, dont on se flatte d'obtenir la rectification dans de prochaines éditions; on espère pour celles-ci une ordonnance meilleure dans les matériaux, plus de clarté dans les pensées et plus de soin dans la rédaction.

Telles ne sont point les allures du génie. Buffon ne s'est jamais accordé, n'a même jamais pensé à donner une seconde édition de ses œuvres : ce qu'il a conçu d'abord, ce fut le plan d'une *Histoire naturelle générale et particulière*. Voilà son thème, son titre; titre d'une immense portée, et auquel il resta toujours fidèle. Jamais une partie publiée ne fut ou remaniée ou modifiée d'ensemble. Mais agissant toujours sous l'impulsion de la puissance d'un talent et d'un savoir chaque jour plus grands, ce qui lui paraît mieux après un volume produit, il le dit avec franchise dans le suivant : il ne craint point de se contredire, pour rester dans le vrai ou dans ce qu'il croit le vrai. Toujours méditatif en même temps qu'observateur, et confiant dans les vues synthétiques qui l'animent, il ne se tient jamais dans les sentiers battus. Sa pensée s'élance au loin et se fixe sur la contemplation du tableau de l'univers; elle en discerne, en saisit les admirables et harmoniques combinaisons : et c'est ainsi qu'il lui fut donné de remplir *magnifiquement* l'une des plus grandes missions des temps modernes.

La première apparition de Buffon comme naturaliste date de 1749; il donna alors au public à la fois ses trois premiers volumes. Rien n'y avait préparé les esprits; et là, pour la première fois, apparaissait le sublime accord de la science et de la littérature. L'enthousiasme n'en fut que plus vif, et bientôt Paris put savoir jusqu'à quel degré les idées françaises étaient goûtées à l'étranger : ce fut avec un éclat qui tenait du triomphe.

Les lettres et le savoir, ces deux essences jusqu'alors si distinctes, obéissant enfin à une même impulsion, et se trouvant entraînées dans des allures également progressives, agirent sur les esprits pour les exalter avec ferveur, mais cependant d'une manière irréfléchie et différemment. C'était le temps de se laisser impressionner plutôt par les charmes d'une diction harmonieuse, que par des pensées profondes, dès lors nécessairement incomprises dans leur exposition. Aussi le public honora principalement les volumes de 1749 comme de premières bases d'un monument dans lequel il crut voir se continuer l'éclat et la grandeur littéraires du siècle précédent.

Buffon, homme de lettres, apparaissait comme une gloire française, une gloire incontestable, que la voix publique, animée par un sentiment d'orgueil national, et s'y complaisant avec un discernement exquis de justice, mettait de l'empressement et du prix à placer auprès de Voltaire, de Rousseau et de Montesquieu, à classer avec eux au premier rang des écrivains du XVIIIe siècle. Mais quant à Buffon physicien et naturaliste, son jugement appartenait à un autre temps; c'était un autre salut d'admiration auquel il avait droit, mais qu'il ne devait obtenir que du savoir philosophique de nos jours. Notre époque seule devait reconnaître en lui, telle est ma ferme conviction, le plus grand penseur de l'humanité auquel il fut donné d'embrasser les âges, les temps, la nature des choses, et de plus les harmonies de Dieu et de l'univers.

Il est aujourd'hui de sentiment universel d'accorder moins d'importance au mérite du style, aux grâces du langage, où d'ailleurs chacun devient de plus en plus habile, et de réserver ses méditations et son admiration pour les

notions approfondies de philosophie naturelle,
pour les recherches touchant l'essence et la vie
de l'univers. Sous ce point de vue, Buffon serait
pour nous l'homme de la science; le littérateur
ne serait plus qu'à la seconde place. Cependant,
cette gloire scientifique si éclatante un quart
de siècle plus tard, un demi-siècle s'écoule sans
qu'elle soit comprise ; comment et pourquoi?
Insistons de nouveau pour le dire. Buffon avait
ébloui d'abord comme poète; le charme et la
puissance de ses paroles avaient éclaté et séduit.
Qu'a besoin de plus la foule ignorante, qui est
indifférente au développement progressif des
sciences? Un premier jugement est porté, elle
s'y tient, et bientôt ce jugement reçoit d'un
assentiment unanime le caractère apparent
d'une vérité incontestable.

Toutefois soyons juste : ce n'est pas qu'il n'y
ait eu aussi à cette époque, que nous avons sa-
luée du titre de grand siècle, d'autres esprits
avancés, qui, nourris d'idées profondes et très
heureusement acquises au domaine de la pensée
publique, n'y eussent préludé déja.

Ainsi des sympathies vives et éclairées avaient

été accordées au système philosophique de notre poète, prêtre de la nature; quelques hautes intelligences avaient effectivement compris avec lui le sens étendu de ces paroles du Psalmiste : *Cœli enarrant gloriam Dei.*

Mais, à part ces honorables exceptions, l'on persistait, et quelques-uns persistent même encore, à voir surtout dans Buffon un écrivain sublime. On lui appliquait comme axiome ces mots qui lui appartiennent, et que l'on a depuis si souvent répétés : Le style, c'est l'homme.

Ainsi l'on se plaisait, comme si c'était célébrer suffisamment ce grand homme, à redire : « L'éminent mérite de Buffon gît principale- « ment dans les artifices d'un style admirable, « constamment harmonieux, dans la marche « forte et savante de ses pensées, dans la « pompe et la majesté de ses images, et dans « la noble gravité de ses expressions. » Telles sont les formes louangeuses qu'on lit dans la *Biographie universelle,* écrites sur Buffon par Cuvier. Où trouver là les sublimes révélations du philosophe? La concession sur le mérite du style est portée aussi loin que possible. De philosophie il n'en est rien dit, ou plutôt Cuvier paraît craindre de s'engager dans des pensées de cet ordre.

Ainsi les contemporains de ce grand maître, et même encore les naturalistes du XIXe siècle, ne portent de Buffon qu'un jugement incomplet ; mais l'âge suivant s'avance pour lui rendre une entière justice. Le retour nouvellement et si fortement exprimé du public aux œuvres de Buffon témoigne d'une révolution dans les idées, opérée par une conviction qui a pris naissance dans de mûres réflexions. Cette révolution éclate comme au sortir, par épuisement, de travaux incessants qui occupent encore, et qui furent exclusivement dominants durant un demi-siècle.

Pour entraîner à sa suite le public qui cherche toujours à sortir d'oscillations entre tant d'opinions extrêmes, on avait signalé comme s'élevant fortement contre les dernières tendances, une certaine école qui abusait, disait-on, de la méthode *à priori*, et que l'imagination entraînait jusqu'au degré de la poésie ; on la disait principalement formée des *philosophes de la nature*, se faisant de sa confiance en ses pressentiments un moyen d'explication pour la solution des plus hautes et des plus difficiles questions de la physique. En même temps on proclamait ce principe faux dans son caractère exclusif, que *l'histoire naturelle n'est que la science des faits particuliers*, et qu'il n'y a de vrai savoir, et par conséquent de véritable philosophie, que dans la considération de faits nombreux, savamment disposés, que par eux et avec eux ; ce qu'en conséquence on qualifiait et qu'on recommandait sous le nom de *faits positifs*. Or cette philosophie contestée de la nature, ce sera la gloire de l'œuvre de Buffon de la contenir en germe. Goëthe, qui en fut l'un des chefs, et ses droits à ce titre viennent d'être mis en lumière par MM. Ch. Martins et P.-J.-F. Turpin [1]; Goëthe eut, il est vrai, en Allemagne un grand nombre de disciples dans cette direc-

---

[1] Ces savants viennent de recueillir et de traduire en français tous les travaux scientifiques de Goëthe. Un vol. in 8º, avec Atlas, in-folio, Paris, 1837. Cherbuliez, libraire, rue Saint-André-des-Arts, 68.

tion, auxquels on peut toutefois reprocher avec justice un peu trop d'exagération dans l'application.

Cependant l'école qui en France soutenait la nécessité de s'en tenir exclusivement à l'emploi de *faits positifs* et à leur enregistrement dans de savantes classifications, cette école, en portant sa vive atteinte à Buffon, oubliait qu'il n'arriva jamais à ce grand maître de parler synthétiquement sur les faits avant qu'ils n'eussent été bien posés et déjà écrits.

Buffon n'avait-il pas pris à l'avance la précaution de s'adjoindre un collaborateur, dont l'analyse des faits dits positifs fut l'objet spécial? Cet oubli et presque ce déni de justice font que le public se lasse enfin de ces éternelles descriptions mises sans fin à la suite les unes des autres, pour raconter minutieusement les diverses mutations dans la proportion et les couleurs qui s'observent chez des êtres innombrables, tous plus ou moins semblables par l'ensemble de leur organisation : travaux fatigants et stériles, dans lesquels s'exerce l'une de nos facultés, la mémoire, à l'exclusion des plus nobles, le juge-

ment et la sagacité comparative. De là ces vives
réactions de l'opinion qui ramènent enfin vers
les vues synthétiques de Buffon, et qui tendent
de plus en plus à faire rejeter la méthode la
plus généralement enseignée et pratiquée de
nos jours, méthode qui se résume dans ces trois
mots : *nommer, décrire* et *classer;* méthode vi-
cieuse comme exclusive, insuffisante du moins
et anti-philosophique.

Voilà, se multipliant jusqu'à l'infini et pénétrant de plus en plus dans le cœur des masses,
ce que les éditions de l'œuvre de Buffon viennent de révéler à l'insu même, je puis me permettre de le dire, des naturalistes de profession, trop prévenus de leur prétendu savoir
pour songer à s'en enquérir : leçon salutaire,
selon moi, résultant du grand nombre des réimpressions des écrits de Buffon dans notre
grand siècle de philosophie ; leçon enfin que
reçoivent du public, ici d'un sens exquis, d'anciens travailleurs qui s'étaient laissé déborder.

N'en doutons pas, tous les hommes d'un esprit
cultivé, participant aujourd'hui plus ou moins
au savoir du XIXe siècle, se sentent d'instinct et

se croient appelés aux mêmes droits et besoins
de connaître l'univers : ce vaste milieu ambiant
de l'humanité qu'ils occupent, leur serait-il interdit de l'étudier synthétiquement et unitairement?

Buffon est la source de ces sentiments nouveaux, non seulement à cause du mérite de son
style, si souvent et si justement vanté de son
vivant, mais comme ayant pénétré avec une
puissante et vive intelligence dans les desseins
de la Providence; desseins suprêmes de sagesse
divine, contenant l'avenir de nos destinées sociales, et qu'il ne fut donné qu'à lui, venu à son
heure marquée providentiellement, de comprendre sûrement et de révéler à la race humaine. Il s'était accompli chez lui un développement génésiaque dans les relations réglées
de cause à effet qui venait enfin fonder une ère
nouvelle pour l'humanité. Et en se plaçant à ce
point de vue, l'on conçoit comment la magnifique élocution de Buffon ne devait être considérée ni comme le sujet d'un mérite à part,
ni surtout comme son principal titre de gloire.
La beauté de son style n'était et ne pouvait être

que la conséquence nécessaire de la grandeur
de ses conceptions. Ce sont ses pensées, s'exaltant et croissant comme le sujet de ses études,
qui forment toute l'essence de Buffon, et qui
ainsi deviennent le *style-Buffon*, pour nous renfermer dans l'énoncé de ce mot aphoristique.
Les allures de son langage majestueux et étincelant d'images, répondant à la grandeur des
scènes qu'il avait à peindre, il en résultait, si
l'on peut s'exprimer ainsi, une sorte de vestiture
et des formes convenables pour l'exposition des
faits de cet ordre.

De ceci il faut conclure que Buffon ne donna
jamais motif aux deux jugements prononcés à
son sujet. Son œuvre n'a point manqué au caractère d'unité, empreint dans tout bon ouvrage;
ses qualités de grand écrivain et ses qualités de
grand penseur sont liées intimement, et pour
ainsi dire se confondent. Les aperçus incomplets
d'un premier âge humanitaire ont dû seuls
faire penser le contraire; et si Buffon a ap-
paru, depuis la production de ses écrits, comme
porteur de deux faces à part produites l'une
après l'autre et enfantées successivement, cette

distinction, bien qu'il y ait eu progrès chez lui d'année en année, est seulement le fait du progrès incessant de l'esprit humain, dont l'instruction s'étendit graduellement et est venue naturellement aboutir au savoir de notre âge.

Mais laissons là le développement de ces questions, lesquelles nous montrent Buffon cherchant et façonnant son public pour n'en être compris entièrement qu'un demi - siècle après sa mort; et disons d'abord comment ce grand homme fut accordé à la France, et comment il y vint remplir, pour le plus grand avantage de l'humanité, sa haute mission de philosophe, de *Prince des Naturalistes*.

II.

Buffon, nommé d'abord Georges-Louis Leclerc, naquit, le 7 septembre 1707, à Montbard en Bourgogne; il prit plus tard le nom et le titre de sa terre (*Buffon*), celle-ci ayant été érigée pour lui en *comté*. Sa vie, remplie par l'étude, fut calme, uniforme et prolongée, et ne fut troublée que dans ses dernières années, où Buffon fut éprouvé par de vives souffrances causées par la pierre. Il ne crut pas à l'efficacité de l'art chirurgical, et il succomba dans d'atroces douleurs durant les premiers orages de la Révolution. Ce fut le 16 avril 1788; il était alors âgé de quatre-vingt-un ans.

Son père, Benjamin Leclerc, occupait une place de conseiller au Parlement de Dijon, et sa mère, qu'il perdit jeune, lui laissa la disposition d'une grande fortune. Sorti d'une noble et riche famille, il eut besoin d'une forte volonté pour résister aux séductions de cette vie molle et oisive dont sa position sociale lui offrait le privilége.

Le hasard lia Buffon avec un jeune Anglais de son âge, le duc de Kingston, dont le gouverneur, homme instruit, lui inspira le goût des sciences. Tous trois voyagèrent quelque temps en France et en Italie; Buffon passa ensuite plusieurs mois en Angleterre. Pour se fortifier dans l'étude de la langue anglaise, et sans rien négliger de l'étude des sciences, il traduisit deux ouvrages célèbres et de genres bien différents; c'était la *Statique des végétaux* par Hales, et le *Traité des fluxions* par Newton. Ces traductions et les préfaces qu'il y joignit furent de premiers essais dans lesquels il se révéla à lui-même; ces publications le firent en même temps connaître du public et de l'Académie des Sciences.

Buffon ne quitta plus cette voie de recherches dans laquelle il venait d'essayer et d'engager son talent. Cherchant toujours à pénétrer au fond des choses, et, pour y réussir, appelant à son aide les documents de la géométrie, de la physique et de l'économie rurale, il fit sur ces divers sujets des recherches qu'il présenta successivement à l'Académie des Sciences; nommé de ce corps dès 1733, il avait alors vingt-six ans.

Celui de ses travaux, dans cette première époque, qui dévoile le mieux le secret de sa pensée et commence en quelque sorte son entrée en carrière, est l'entreprise pleine de témérité qui le porta à construire un immense miroir dans le genre de celui d'Archimède. Son point de mire c'est le soleil. Que voudra donc tenter vis-à-vis de ce géant des mondes ce fils de la terre, d'une planète satellite du soleil? Buffon veut employer et démontrer à sa manière la

source première de la toute-puissance qui réside
dans le soleil, et il se flatte d'y réussir s'il en concentre et dirige les feux dévorants sur des corps
qu'il incendiera à de grandes distances. D'autres
expériences du même temps sur la résistance
des bois tendent à montrer qu'on peut parvenir à l'accroître, en écorçant les arbres avant
de les abattre. Puis il se livre à d'autres recherches d'économie rurale, dont Duhamel du
Monceau lui dispute la priorité. Dans ces diverses investigations, Buffon, à vrai dire, ne
fait encore qu'essayer les forces de son génie,
et qu'errer pour ainsi dire dans les tentatives
d'une éducation scientifique trop long-temps
prolongée. Il n'est au fond animé que d'un désir vague de savoir et de gloire, lorsqu'une circonstance fortuite décide de son avenir et
l'amène sur un théâtre où il se fixe pour toujours.
Tout-à-coup il se pose naturaliste, contemplateur synthétique et transcendant des merveilles
de l'univers ; et dès-lors un chef puissant est
donné au mouvement philosophique et réfor-
mateur du xviiie siècle.

   La nomination de Buffon à la place *d'intendant*

ou d'administrateur-général du Jardin-du-Roi est l'incident qui donna à ses idées une direction fixe. Cette place devint vacante en 1739. Buffon, dans sa trente-deuxième année alors, était principalement renommé au sein de l'Académie des sciences à laquelle il avait soumis ses travaux ; et là même on le jugeait un homme supérieur, mais qui s'était plutôt révélé par la force et l'ascendant de son caractère que par l'originalité et l'utile influence des sujets qu'il avait traités. J'ai dit tout-à-l'heure qu'il avait dans Duhamel du Monceau un rival actif et puissant, soit comme déja posé dans les sciences naturelles par des travaux plus régulièrement suivis, plus nombreux et plus anciens, soit comme soutenu par le chaleureux appui d'amis prépondérants et en réputation d'équité et de haut savoir, les frères de Jussieu, Antoine et Bernard. Mais un chimiste, membre de l'Académie des sciences comme les deux concurrents, s'intéressait à Buffon.

Je reprends de plus haut le récit de ces circonstances qui décidèrent de l'avenir de Buffon ; l'intérêt du sujet et le besoin de l'exposer avec clarté l'exigent.

Le Jardin royal des plantes médicinales, premier nom du Jardin-du-Roi, avait été une création des principaux médecins de la cour, et leur
était resté en *sur-intendance*, comme une annexe
lucrative de leur emploi. Sous la main de ces
vieux courtisans, dont les exigences et l'avarice
toujours croissantes en faisaient une ferme à revenu, les devoirs de l'institution furent négligés; et celle-ci, viciée sous tous les rapports,
tombait, périssait de décrépitude, jusqu'à ce
qu'enfin l'opinion publique fit entendre de vives
réclamations et réussit à se faire écouter.

Sur le cri général qui s'éleva contre les médecins de la cour, la direction du Jardin-du-Roi
leur fut retirée; elle resta confiée, sous le titre
d'*intendant*, à un jeune officier d'un rare mérite,
honoré pour sa loyauté, fort bien en cour, et
que son goût passionné pour les sciences et des
travaux recommandables avaient aussi placé
dans l'Académie.

Dufai, ce jeune officier, devenu ainsi le pré-
décesseur de Buffon, Dufai comprit, aima et
remplit sa mission avec ardeur. De rapides succès avaient dépassé les espérances qu'il avait fait

concevoir, lorsqu'une mort imprévue vint le frapper. Dès-lors, lui et le public prirent souci de l'avenir du Jardin-du-Roi. Cette régénération tant souhaitée, par qui sera-t-elle poursuivie?

On s'en occupe avec chaleur, on s'en inquiète; on s'agite dans les cercles où l'on est habitué à débattre les intérêts de la science.

Mais Hellot, ce chimiste de l'Académie des sciences, ami de Buffon, s'interposa. Hellot, tantôt insinuant, tantôt ferme et décidé, va trouver Dufai mourant, et lui adresse cette allocution : « Buffon est seul en mesure, par sa puis-« sance de caractère, de continuer votre œuvre « de régénération; éteignez donc vos sentiments « de rivalité, et demandez cet ancien ami pour « votre successeur, au moyen de cette lettre que « je vous présente à signer. »

Le ministre Maurepas agréa la proposition, qui lui parvint sous cette forme, et Buffon succéda ainsi à Dufai, mort inopinément à l'âge de quarante-un ans.

Ainsi rien n'avait été prévu touchant cet événement qui fixait à point nommé la destinée de Buffon ; rien de préexistant pour y préparer ce grand maître, si ce n'est l'aptitude de sa haute intelligence et les dons particuliers de son génie ; car les circonstances seules de sa promotion devinrent les conditions de sa mission.

Cependant, que d'obstacles à ce moment ! Buffon est privé d'études préparatoires ; et s'il doit aborder les grandes questions de la science, il ignore les premières règles de l'association des êtres et du mécanisme de leur distribution dans des classifications. D'où lui vint donc sa confiance ? et comment sans y avoir à peine réfléchi, osa-t-il organiser son vaste plan de travaux réformateurs ? Sans doute, il écouta une voix intérieure, et se livra au pressentiment de son génie. Il comprit qu'il y avait en lui la puissance d'accomplir l'une des plus belles missions des temps modernes : il y appliquerait sa théorie des *faits nécessaires*, laquelle fut le mobile et le secret de ses révélations ; théorie qu'il tenait en effet pour infaillible, et qui fut toujours comme un fanal heureusement placé sur sa route pour le guider dans les voies de l'avenir.

Tout en effet se lie, et pour ainsi dire s'enchaîne dans l'univers; tout se trouve ensemble rattaché par une *nécessité* de relations et de filiation, laquelle donne à toutes choses leur raison d'existence. Cette notion avait fait concevoir à Buffon une théorie des *faits nécessaires*, qu'il ne nomme point ainsi, mais qu'il emploie constamment comme susceptible de le porter à des prévisions et des divinations certaines. Chaque fois que des éléments, anneaux d'une chaîne continue, manquent et interrompent la série, il les supplée hardiment d'après sa féconde théorie. Aussi, ce qu'un esprit de cette trempe suppose et conçoit comme ayant dû exister, il le voit au titre d'un *fait nécessaire*, qui fut dans le principe: il comprend cette lacune, il y supplée au point d'y venir placer en quelque sorte son aperçu intuitif.

Bientôt d'ailleurs des mesures pleines de sagesse et de prévoyance sont prises par le naturaliste philosophe. Voulant employer l'histoire naturelle à une refonte générale des idées philosophiques, il sent le besoin de recourir à un emploi simultané des deux méthodes, *l'analyse*

et la *synthèse;* il se réserve les puissantes combinaisons et la responsabilité de celle-ci ; il place
en elle sa foi vive et ses pressentiments de gloire
dans l'avenir. L'analyse, au contraire , il la con-
fie à un collaborateur d'un caractère facile et
rempli d'aménité, d'un esprit calme et persévérant, et doué des qualités d'un habile observateur, en ce qui concerne l'étude attentive et
l'appréciation des faits particuliers. Ce collaborateur, c'est Daubenton.

Cette sage distribution des rôles était en effet prescrite à Buffon par les données de sa position personnelle. Pour être naturaliste , c'est-à-
dire pour s'essayer dans la peinture des scènes
de la nature , il faut jouir d'une vue nette et lu-
cide , et Buffon, par l'état de ses yeux corporels,
se trouvait privé du complet développement de
cette faculté : il était né myope. Mais un tel ob-
stacle n'arrête pas un homme de génie ; c'est du
secours des yeux de l'esprit, c'est d'une vision
intellectuelle , étendue et pénétrante, que Buffon sentait le besoin pour l'exécution de son
plan. Pour s'élever à des aperçus profonds touchant le mécanisme de l'univers, ne devait-il

pas recourir de préférence à la perception des
faits nécessaires, à l'emploi, exercé toutefois avec
une sage discrétion, de sa théorie favorite ; et si,
pour la connaissance des faits en eux-mêmes,
son incapacité lui interdisait trop l'action d'une
étude directe, cet inconvénient n'était-il pas
merveilleusement atténué et presque effacé par
la collaboration d'un observateur tel que Daubenton ?

Ce savant médecin, en qui Buffon trouva une
profonde instruction comme zootomiste, et de
plus la bienveillance d'un ami dévoué, accepta
en effet le rôle modeste, nécessaire, toutefois
très important, de descripteur des détails comme
formes zoologiques et anatomiques. Ce rôle,
cette subordination, cet heureux accord, furent
providentiels ; graces en soient rendues au cœur
et à l'esprit du jeune collaborateur. Ils renfermaient tout l'avenir d'un savoir profond.

Daubenton entra en charge dans l'établissement du Jardin-du-Roi avec les fonctions et le
titre de *démonstrateur du cabinet d'histoire naturelle* ; car l'on appelait déja de ce nom ce qui
n'avait été connu jusque-là que sous le titre d'un

ancien droguier, mais où des accroissements assez considérables permirent enfin d'introduire un système de classement et de nomenclature.

Les deux amis [1] durent se renfermer dans une retraite profonde, et s'absorber dix années entières dans une méditation laborieuse, d'où ils sortirent pour étonner le monde, eux devenus de savants interprètes de la nature [2].

---

[1] Leurs deux familles s'unirent à la première génération. M. Daubenton avait une nièce, petite nièce de sa femme, tous nés Daubenton. Cette nièce devint la seconde femme du fils unique du grand Buffon. Madame la comtesse de Buffon, veuve après un an de mariage, concentra l'héritage des deux branches en sa personne, les titres des deux immortels auteurs de l'Histoire naturelle, générale et particulière.

[2] Cette conduite fut plus facile à l'un qu'à l'autre. Daubenton procédait sur des faits individuels, patents, et qu'il développait à peu près sans chances d'erreur : Buffon au contraire, dont les investigations embrassaient des généralisations à très haute portée, opérait sur des rapports de masse; et dans ce cas, chaque fois que son attention devait se partager sur une foule de faits, dont il n'y avait à prendre d'opinions certaines, à moins qu'on ne les examinât en détail, il se trouvait privé d'un sentiment synthétique à leur sujet, qui n'é-

Pendant ces dix années de retraite, de 1739 à 1749, les auteurs, passant d'abord par des études de premier âge, élaborent leurs premiers et admirables écrits, lesquels paraissent enfin en 1749. Il est manifeste que Buffon, nouvel intendant du Jardin-du-Roi, et zoologiste improvisé par le fait de sa promotion, n'avait pu procéder qu'*à priori* ; il n'eut donc ni le temps ni le goût de recourir à l'érudition possible alors ; son œuvre n'en a que mieux son caractère spécial d'originalité ; mais aussi on peut lui reprocher de n'être point suffisamment rattachée au savoir antérieurement acquis à l'humanité.

Ici j'arrête et je suspends ce récit pour ne pas moi-même tomber dans l'inconvénient d'omettre des travaux recommandables du même rang, et qu'il est juste de signaler actuellement. J'inclinerais même volontiers à étendre indéfiniment ce soin, pour moi sentiment et œuvre d'équité comme de gratitude envers nos devanciers, à présenter un tableau raisonné de l'état des scien-

---

tait possible qu'autant que ces faits fussent comparés et amenés à son point de vue.

ces naturelles dans l'antiquité, et de celui de nos travaux intellectuels lors de la renaissance des lettres, si ce n'était devenu superflu depuis les morceaux étendus, savamment discutés et lumineux, qui ont paru sur l'histoire de la zoologie dans la *Revue des deux Mondes* (cahier du 1er avril 1837), et dans l'*Encyclopédie du* XIXe *siècle*, au mot *Zoologie*. En renvoyant à ces lectures, je me permettrai seulement cette réflexion.

L'humanité, que ses instincts, ses besoins et ses progrès continus devaient amener sans cesse et nécessairement aux études et sur le spectacle de la nature, s'était déja, avant que parussent les travaux de notre immortel Buffon, élancée au loin dans cette voie, et deux fois même y était parvenue à l'apogée : une première fois, quand elle fut inspirée par les vues profondes d'Aristote ; et une seconde, dans la Rome des Césars, quand un savoir d'encyclopédiste, disert plutôt que philosophique, mais animé par l'habileté du grand écrivain, lui servit d'interprète. Pline avait donné ce qu'il appelait son *Histoire du Monde*.

Or ce devint, comme on l'a vu déja dans ce

qui précéde, ce devint la mission de Buffon, de comprendre, de rallier et de reproduire le savoir de ces deux émules, et de les surpasser autant par la force de la pensée que par l'éclat de son génie poétique et platonique. Il en fut tout autrement à l'égard de Linné.

« Dans tous les siécles précédents » avait dit mon fils Isidore G. S.-H., dans l'article précité de la *Revue des deux Mondes*, « la zoologie n'a- « vait présenté à notre admiration qu'un seul « grand homme, *Aristote;* le dix-huitième sié- « cle nous en présente deux, *Linné* et *Buffon.* « Qui eût osé espérer de la Providence qu'elle « doterait à-la-fois l'humanité de deux de ces « rares génies, qu'elle se plaît d'ordinaire à nous « montrer de loin en loin, comme ces météores « éclatants qui traversent tout-à-coup le ciel « aux acclamations des peuples, et dont le ma- « gnifique spectacle ne doit se renouveler ni « pour les hommes qui l'ont une fois contem- « plé, ni après eux pour plusieurs générations. »

Cette citation rend nécessaire que je place ici quelques remarques touchant les deux écoles diverses, mais non rivales, comme on a si souvent affecté de le dire, dont Buffon et Linné sont les illustres chefs; écoles cultivant chacune à part un ordre particulier d'idées, et restées si long-temps incomprises l'une de l'autre.

Linné et Buffon sont nés précisément dans la même année et à quatre mois de distance, l'un en mai, et l'autre en septembre 1707. Linné vint au monde dans une contrée encore à demi-sauvage, en Suéde. Né pauvre, engagé dans une lutte longue et pénible contre l'adversité, il en triomphe à force de persévérance, et conquiert enfin un rang éminent parmi les naturalistes du xviiie siécle. Il ne lui arrive qu'à reprendre, il est vrai, les faits du point où d'anciennes tendances intellectuelles les avaient versés dans la pensée publique; mais il les coordonne, y ajoute ses réformes, et s'interpose au milieu d'eux en législateur.

Buffon reste, au contraire, l'enfant de son œuvre : toujours confiant dans les données de son *à priori*, il se flatte que ses conceptions s'éléveront jusqu'aux plus hautes régions de la science.

Linné est déja dans la voie pratique de ses

recherches en 1735, voyageant et donnant à
Leyde la première ébauche de son *Systema naturæ*, quand Buffon s'ignore encore lui-même
comme naturaliste. Ce n'est que quatre ans
après, en 1739, que Buffon est promu à l'intendance du Jardin royal, et qu'il conçoit la pensée de se porter le contemplateur synthétique
et transcendant des merveilles de la nature.
Ainsi, avant que Buffon eût fait ses premiers
pas dans la science, Linné en était déja l'un des
chefs. Plusieurs éditions successives du *Systema
naturæ*, où le nombre des détails observés s'ac-
croissait indéfiniment, où les classifications gagnaient en clarté, ayant attiré sur le naturaliste suédois l'attention du public, accoutumè-
rent les zoologistes à préférer ce plus facile enseignement. Rendre à Buffon le rang qui lui
appartient, comprendre ce qu'il y a de notions
progressives et utiles dans chacune des deux
écoles, et les combiner entre elles, me paraissent devoir devenir en définitive l'œuvre de la
fin du XIXe siècle.

En donnant cette conclusion comme la pensée dominante du présent écrit, je ne songe cer-

tes point à réhabiliter Buffon comme savant aux
yeux des naturalistes ; un moment c'eût été , ou
du moins ce put paraître nécessaire.

Buffon, entré plus tard que Linné dans les
pensées et les grandes vues du naturaliste, et
comprenant seul toute l'étendue et la portée de
ses recherches, eut alors seul aussi le sentiment
de ses forces ; s'engageant dans une route qu'il
lui fallut se frayer à lui-même comme aux autres, et à mesure que l'exigeaient les lacunes de
l'observation , il se trouva avoir disposé au savoir, et de cette manière, avoir formé le goût
de critiques qui , en restant au point de vue des
considérations des détails, s'en venaient aussitôt lui contester son rang de maître, sa place de
chef d'école, faisant étalage de la multiplicité,
de la nécessité de leurs faits d'observation , et
accordant hautement la préférence aux études
élémentaires. Buffon lançait les hommes de son
temps dans de plus larges voies ; et plus puissamment il s'y employait, plus il se trouvait de pyg-
mées qui , livrés au seul enregistrement des détails et à des tâtonnements de classification ,
arrivaient se poser comme juges du camp.

Dès mon entrée en carrière, j'ai assisté moi-même au tumulte extravagant d'énergumènes, se réunissant à heure marquée dans les jardins embellis par Buffon pour insulter à la mémoire de ce grand homme. Entraînés par le sentiment public à reconnaître en lui un sublime écrivain, ils osaient lui contester le titre de naturaliste éminent. A son langage rempli de pompe et de magnificence, ils reprochaient de n'être point linnéen; à ses belles pages sur les habitudes des animaux et sur l'importance individuelle et physiologique des œuvres vivantes de la création, ils eussent voulu substituer quelques-uns de ces traits par lesquels ils prétendaient résumer leur histoire d'espèces et déterminer leur rang dans la classification. Telles étaient ces prétendues imperfections de l'œuvre du naturaliste français contre lesquelles l'esprit révolutionnaire des naturalistes de Paris imagina de venir protester par des courses faites en l'honneur de Linné dans notre temple de la Nature. Le buste de l'étranger, déposé religieusement sous les ombrages du grand cèdre du Liban, voilà comme fut entendue, en 1793, à

Paris, la glorification de la mémoire de Linné.

Or, alors il s'agissait moins d'honorer une aussi grande renommée que d'éclater contre le développement de l'école de Buffon, à laquelle s'adressait le reproche d'avoir trop accordé aux séductions de l'imagination et de la poésie. Efforts malheureux de quelques entomologistes en particulier, dont la postérité n'a tenu aucun compte! C'est que le public, où aboutissent tous les sentiments divers, où se concentrent tous les besoins des classes, et qui jouit ainsi d'une vue instinctive aussi étendue que sûre, rejette comme erronées toutes ces condamnations de parti. La force et l'élévation de la pensée s'impreignent nécessairement d'imagination et de poésie; et c'est pourquoi tant d'éditions de l'*Histoire naturelle générale et particulière* se succèdent si rapidement; sortes de monuments qui rappellent à leur manière, et qui sanctionnent le jugement de quelques contemporains de Buffon, ce cri d'admiration que ce grand homme eut le bonheur d'entendre de son vivant, qu'il vit aussi tracé au bas de sa statue en ces termes : *Majestati naturæ par ingenium.*

III.

Je viens d'insister sur les principales circonstances qui ont précédé, accompagné et suivi la composition de l'œuvre monumentale de Buffon : allons à d'autres détails.

Une première partie, en ce qui concerne les grands animaux et l'histoire naturelle de l'homme considéré comme type de l'animalité, parurent d'abord avec des considérations sur la fin qu'il convenait de se proposer dans l'ordonnance du livre. Ici je dois, pour l'instruction de mes lecteurs, les prévenir que, sur un point fondamental, ce début ne fut point heureux. Toute composition doit reposer sur une pensée-mère qui en coordonne toutes les parties : et en histoire naturelle, l'ordre et l'enchaînement rationnel des idées veulent que l'on descende par fractionnement méthodique de l'immensité des faits à la considération isolée de chacun d'eux ; il n'est de travaux possibles, il n'est du moins de travaux complétement fructueux dans cette science, que si l'on s'appuie, comme sur une première base, sur une bonne classification des êtres. Les anciens n'eurent jamais qu'une idée vague de la nécessité d'une distribution méthodique; les modernes, au contraire, la comprirent pleinement, et inventèrent les éléments d'un art nouveau dont ils se firent un principe pour l'enchaînement des observations et la clef d'une philosophie sous le nom de *Rapports Naturels.*

Césalpin, en 1583, dans des écrits sur les plantes, eut l'honneur d'ouvrir cette carrière et n'en fut récompensé que par la persécution : on l'accusa d'athéisme. Tout homme de génie, parcequ'il pense autrement que son siècle, qu'il est créateur d'idées nouvelles, excite l'envie et reçoit ce salaire. Un siècle après Césalpin, Linné, mieux servi par les circonstances, comprit, étendit et consacra, en le formulant en législateur, le principe des méthodes d'histoire naturelle.

Par un effet de la précipitation des mesures adoptées par Buffon pour la conception et l'exécution de son plan de recherches, il eut le malheur de manquer de ces idées élémentaires, même au sortir de ses dix années de retraite et

de méditation. Son entrée tardive dans l'étude
de l'histoire naturelle eut ce fâcheux résultat de
le priver, faute de temps, d'apprendre suffisamment ce que d'ailleurs la faiblesse de sa vue
lui rendait plus difficile qu'à tout autre. Il conserva ainsi long-temps encore les idées incomplètes de sa première prévention sur l'un des
points fondamentaux de la science, sur ce qui
devait être l'une des bases de ses spéculations
zoologiques. D'où Linné, dont la vie tout entière
fut consacrée au perfectionnement de la classification des êtres, se trouva avoir gagné sur Buffon une avance de quinze années; il avait rempli
l'Europe de son nom et de ses disciples; et ceux-
ci, familiarisés avec la manière de leur maître,
pleins d'admiration et d'ardeur pour une méthode aussi parfaite et aussi nouvelle, accla-
maient avec un engouement indicible à leur professeur honoré et chéri.

Les idées linnéennes constituèrent ainsi une
école à laquelle s'affilièrent tous les travailleurs
de ces temps. Or non seulement Buffon ne s'y
rallia point, mais il eut le tort de la fronder et
d'entamer avec son illustre rival une vive con-

troverse. Cette polémique toutefois dura peu : bientôt après la publication de ses premiers volumes, Buffon éclairé bien moins par les objections des naturalistes nomenclateurs que par les résultats de ses propres études, reconnut la nécessité des classifications, et lui-même finit par y recourir. Et quand il se trouva convaincu, quand il employa la méthode de Linné, ce fut, comme il arrive d'ordinaire chez les hommes de cette trempe, en la perfectionnant. L'histoire descriptive des singes dans Buffon, aperçue du point de vue des Rapports naturels, est en effet un chef-d'œuvre.

Dirons-nous à ce sujet, comme le prétendaient triomphalement quelques petits esprits dont tout le mérite consistait à savoir, à l'aide des méthodes linnéennes, introduire une espèce dans son genre ; dirons-nous qu'avant cette heureuse modification dans les idées de Buffon, l'heure de produire n'était point encore sonnée pour lui comme classificateur ? Oui, sur ce point il était incomplet. Mais sur tous les autres rapports quelle admirable supériorité ! Comme il sait dès-lors arriver d'aplomb sur les plus graves

difficultés et tomber sur elles pour ainsi dire de
tout le poids de son génie !

Buffon, privé d'abord du principe de la ressemblance des êtres, n'en fit donc point le motif
de l'exposition et du classement de ses quadrupèdes vivipares. Il crut trouver un ordre plus
rationnel en procédant du connu à l'inconnu ;
mais il ne faut pas se le dissimuler, c'était uniquement un ordre relatif à ses propres besoins :
et tout l'esprit des arrangements méthodiques ,
dans son ornithologie aussi bien que dans son
histoire des singes, le démontre suffisamment,
et prouve en même temps ce que lui-même a plus
tard reconnu. Sa distribution des quadrupèdes,
n'ayant pas pour base l'appréciation de leurs
rapports de familles et de leurs degrés divers
d'affinité, n'était et ne pouvait être pour Buffon
qu'une combinaison propre à déguiser son peu
d'habitude dans l'art d'apprécier ces rapports
et ces affinités. C'est ainsi que, plaçant dans
chacun de ses volumes les faits graduellement
appris par lui en réglant ses publications sur
les progrès de sa propre instruction, il adopte
de préférence pour principe de la distribution

de ses animaux, les distinctions suivantes :

1° Il considère en premier lieu les quadrupèdes que l'homme emploie près de lui et qu'il loge dans ses demeures;

2° Il passe ensuite aux bêtes fauves des diverses parties de l'Europe;

3° Après elles il fait l'histoire des autres quadrupèdes, s'attachant particulièrement et accordant la préférence à ceux qui lui paraissent jouer le plus grand rôle dans la nature;

4° Enfin il aborde la considération des singes et des autres animaux à quatre mains; ces êtres ambigus à station indécise, dans lesquels l'instinct du vulgaire aussi bien que le savoir des naturalistes reconnaissent les conditions évidentes d'un type à part, et voient une famille placée par le créateur entre l'homme et les quadrupèdes.

C'est dans cette portion de son ouvrage, comme nous venons de l'indiquer, que Buffon renonce au classement tout personnel à lui et vraiment étranger à la raison des choses, qu'il avait suivi jusqu'alors. Ce qu'il avait condamné dans Linné, il l'adopte alors, et sa conversion est prompte et entière. Dès-lors il n'étudie plus les êtres organisés qu'en les rassemblant dans des tribus coordonnées avec un sentiment exquis de leurs rapports communs et différentiels.

A son tour, mais avec une immense supériorité, c'était revenir à l'idée-mère de Césalpin ; idée dont le développement incessamment progressif devait être acompli par les trois siècles qui ont suivi l'avénement de cet homme de génie.

On s'est proposé, dans quelques éditions de l'*Histoire générale et particulière*, de ranger les êtres selon les principes de Linné en les plaçant dans l'ordre prescrit par les classifications actuelles. On croyait, en associant ainsi les méthodes de deux grands maîtres, introduire dans l'œuvre de Buffon un immense perfectionnement; mais au fond c'était corriger pour faire plus mal; car on détruisait ainsi l'enchaînement des faits, l'ordre selon lequel avaient été conçues et produites les pensées de notre auteur ; leur filiation, si nécessaire à suivre, était effacée jusqu'à ses dernières traces.

J'ai dû insister d'autant plus sur ces circonstances précédentes de la vie de Buffon, et sur l'époque tardive de son entrée en carrière, que ses biographes et les naturalistes les imitant en cela, sont loin d'y avoir accordé jusqu'à présent toute l'attention dont elles sont dignes. Là se trouve véritablement la clef de la composition de l'ouvrage de Buffon, l'explication de l'ordre suivi par lui, et celle des défauts qu'on peut signaler dans ses premiers volumes surtout. Mais que Buffon s'avance dans l'exécution de son œuvre, comme il grandit! plus se développe en lui cette tendance éminemment progressive, et plus cette puissance de généralisation éclate. Le génie de Buffon est partout égal à lui-même : s'il émet quelquefois, au commencement de ses travaux, des erreurs plus tard rectifiées par lui-même, le savoir des faits lui manquait encore, mais non la grandeur philosophique des idées.

Ainsi, dans un article de sa seconde publication, au mot *Ane*, si l'auteur, interrompant sa description, se livre à l'examen de quelques questions philosophiques, avec quelle puissance de logique, quelle grandeur de pensée il les approfondit! comme il se pose hardiment, comme il s'élève, si l'on peut s'exprimer ainsi, à tire d'aile vers le principe de l'unité typéale d'organisation ! avec quelle lucidité et quelle profondeur il disserte (toujours dans le même article) sur l'idée et l'essence du mot *Espèce!* Et quand il essaie de définir ce mot, en prenant pour point de départ le sens primitif que lui a donné la Genèse, s'il arrive à une conclusion erronée, *la fixité de l'espèce*, combien sa haute intelligence brille dans l'exposition de cette erreur même, et dans la discussion des faits par lesquels il se croit obligé de l'adopter! Et remarquez-le bien, cette erreur n'est chez lui qu'un jugement du premier âge émis sur des éléments incomplets; si bien que vingt-cinq ans plus tard, Buffon, arrivé à l'apogée de son talent, écrit les pages magnifiques, si célèbres sous le nom d'*Époques de la nature :* il revoit cette question si fondamentale en philosophie naturelle, et il s'élève à une formule nouvelle digne de lui et digne de la science actuelle.

G. Cuvier eut au contraire le malheur de s'arrêter à cette idée un moment admise, puis définitivement rejetée par Buffon; Cuvier crut

devoir s'en tenir à cet *à priori* mystique qui, directement contraire à la théorie philosophique
du perfectionnement indéfini des êtres, excluait
tout sentiment de progrès dans l'humanité,
comme dans la vie de l'univers. C'était se soumettre à la croyance que Dieu n'a point fait les espèces dans les temps et successivement, mais
dès l'origine des choses et par un seul acte éma-
né de sa toute-puissance. L'admission de ce système était pour Cuvier une conséquence de ses
convictions favorables à la doctrine de la pré-
existence des germes ; doctrine que l'on voit en
effet recommandée par G. Cuvier, après l'avoir
été par l'ancienne philosophie et par la plupart
des pères de l'Église. Mais Buffon, un de ces
hommes à part et qui s'avancent au loin dans
l'avenir, s'est trouvé dès l'année 1778, date des
Époques de la nature, avoir dominé ces débats
vifs et profonds de toute la hauteur et avec l'indépendance de son génie ; ainsi il a dépassé à la
fois les naturalistes de son temps et ceux de l'é-
poque suivante.

C'est là un de ces exemples remarquables,
où nous voyons des questions tellement ardues

et nouvelles, que leur intelligence complète et leurs définitives solutions paraissent réservées seulement à la fin de notre XIXe siècle : mais elles étaient déja abordées avec hardiesse et pénétrées par le génie divinateur de Buffon [1] ; c'est là un de ces exemples, qui nous fait reconnaître dans l'*Histoire naturelle, générale et particulière*, le magnifique privilége de rester, long-temps après sa publication, progressif et nouveau.

Je citerai, comme un autre exemple non moins mémorable, un passage qui parut deux ans avant la mort de Buffon, et que les auteurs de nos jours ont négligé, bien que l'on doive admirer également ment dans ce fruit de la vieillesse d'un grand

----

[1] «Et qui s'en étonnerait?»a dit, en rendant aussi un solennel hommage à Buffon, le jeune savant déja plus haut cité, «Ignore-t-on que le plus beau privilége du « génie, est de deviner, sur peu d'éléments, ce que « d'autres déduiront plus tard péniblement? Et si tous « les poëtes ont donné des ailes au génie, si cette image, « belle par elle-même, est aujourd'hui usée et presque « triviale, n'est-ce pas à cause de la vérité trop évidente « de l'idée qu'elle exprime?»

homme la perfection du style et la profondeur des idées. Oui, Buffon s'y montre encore tout entier avec son immense faculté synthétique, avec l'incomparable puissance de son intuition, avec tout l'éclat d'une élocution dont mes lecteurs seront juges ; car, je rougirais, pour abréger de si belles pages, de leur substituer d'aussi faibles paroles que les miennes.

Voici un extrait du chapitre : *Pétrifications* et *Fossiles*, faisant partie du IVe tome de son œuvre, intitulée : *Histoire naturelle des minéraux*, volume publié en 1786[1].

« L'on reconnaît évidemment, dans la plu-
« part de ces pétrifications, tous les traits de
« leur ancienne organisation, quoiqu'elles ne
« conservent aucune partie de leur première
« substance. La nature en a été détruite et rem-
« placée successivement par le suc lapidifiant
« auquel leur texture tant intérieure qu'exté-
« rieure a servi de moule, en sorte que la forme

---

[1] Tome II, p. 202 de l'édition Buffon-Saint-Hilaire et tome IXe, p. 33, du Buffon-Cuvier.

« domine ici sur la matière au point d'exister
« après elle.

« Cette opération de la nature est le grand
« moyen dont elle s'est servie et dont elle se
« sert encore pour conserver à jamais les em-
« preintes des êtres périssables. C'est, en effet,
« par ces pétrifications que nous reconnaissons
« ses plus anciennes productions, et que nous
« avons une idée de ces espèces maintenant
« anéanties, dont l'existence a précédé celle de
« tous les êtres actuellement vivants ou végé-
« tants. Ce sont les seuls monuments des pre-
« miers âges de la terre ; leur forme est une in-
« scription authentique qu'il est aisé de lire en
« la comparant avec la forme des corps organi-
« sés du même genre ; et comme on ne leur trou-
« ve point d'individus analogues dans la nature
« vivante, on est forcé de rapporter l'existence
« de ces espèces actuellement perdues au temps
« où la chaleur du globe était plus grande et
« sans doute nécessaire à la vie et à la propaga-
« tion des animaux et végétaux qui ne subsis-
« tent plus. C'est surtout dans les coquillages et
« les poissons, premiers habitants du globe, que

« l'on peut compter un plus grand nombre d'es-
« pèces qui ne subsistent plus. Nous n'entre-
« prendrons pas d'en donner ici l'énumération
« qui, quoique longue, serait incomplète. Ce
« travail sur la vieille nature exigerait seul plus
« de temps qu'il ne m'en reste à vivre, et je ne
« puis que le recommander à la postérité. Elle
« doit rechercher ces anciens titres de noblesse
« de la nature avec d'autant plus de soin qu'on
« sera plus éloigné du temps de son origine; en
« les rassemblant et les comparant attentive-
« ment, on la verra plus grande et plus forte
« dans son printemps qu'elle ne l'a été dans les
« âges subséquents; on suivra ses dégradations,
« on reconnaîtra les pertes qu'elle a faites, et
« on pourra déterminer encore quelques épo-
« ques dans la succession des espèces qui nous
« ont précédés.

« Les pétrifications sont les monuments les
« mieux conservés quoique les plus anciens de
« ces premiers âges; ceux que l'on connaît sous
« le nom de fossiles appartiennent à des temps
« subséquents; ce sont les parties les plus soli-
« des et les plus dures, et particulièrement les

« dents des animaux qui se sont conservées in-
« tactes ou peu altérées dans le sein de la terre.

« Les dents de requins que l'on connaît sous
« le nom de *glossopètres*, celles d'hippopotame,
« les défenses d'éléphant et autres ossements
« fossiles, sont rarement pétrifiés. Leur état est
« plutôt l'ivoire de l'éléphant, du morse, du
« narwal, et celui d'une décomposition plus ou
« moins avancée : tous les os dont en général
« le fond de la substance est une terre calcaire,
« reprennent d'abord leur première nature et
« se convertissent en une sorte de craie. Ce n'est
« qu'avec le temps, et souvent par des circon-
« stances locales et particulières, qu'ils se pé-
« trifient et reçoivent plus de dureté qu'ils n'en
» avaient naturellement.

« Les turquoises sont le plus bel exemple que
« nous puissions donner des pétrifications os-
« seuses, qui néanmoins sont incomplètes ; la
« substance de l'os n'y est pas entièrement dé-
« truite ni pleinement remplacée par le suc vi-
« treux ou calcaire. »

Je me borne à cet extrait ; et cependant c'est
tout ce mémoire du Prince des naturalistes, aussi

riche de faits précis qu'admirable par ses notions
généralisées, c'est cette peinture vivante de ce
qui est et fut dans tous les temps, qu'il faudrait
transcrire en entier. A ce moment c'est le chant
du cygne que ce grand homme fait entendre, et
bien qu'émanés d'une muse octogénaire, ces ac-
cents sont mâles et assurés. Ici le génie est sans
vieillesse, il donne là une expression de la pensée de Dieu; c'est une sorte de bienfait concédé
à l'humanité tout entière selon qu'y apporte l'action intermédiaire d'une des plus hautes intelligences qui aient honoré et éclairé notre espèce.

Entendez, je vous prie, et soyez touchés avec
moi de cette péroraison sublime, pleine d'âme
et de divinations prophétiques.

« Je le répète, c'est à regret que je quitte ces
« objets intéressants, ces précieux monuments
« de la vieille nature, que ma propre vieillesse
« ne me laisse pas le temps d'examiner assez
« pour en tirer les conséquences que j'entrevois,
« mais qui, n'étant fondéesque sur des aperçus,
« ne doivent point trouver place dans cet ou-
« vrage, où je me suis fait une loi de ne présen-
« ter que des vérités appuyées sur des faits.

« D'autres viendront après moi, qui pourront
« supputer le temps nécessaire au plus grand
« abaissement des mers et à la diminution des
« eaux par la multiplication des coquillages,
« des madrépores, et de tous les corps pierreux
« qu'elles ne cessent de produire. Ils balance-
« ront les pertes et les gains de ce globe dont la
« chaleur propre s'exhale incessamment... Ils
« compareront le temps qu'il a fallu pour que
« les détriments combustibles des animaux et vé-
« gétaux aient été accumulés dans les premiers
« âges, au point d'entretenir pendant des siè-
« cles le feu des volcans ; ils compareront, dis-
« je, ce temps avec celui qui serait nécessaire
« pour qu'à force de multiplication des corps
« organisés, les premières couches de la terre
« fussent entièrement composées de substances
« combustibles, ce qui dès-lors pourrait pro-
« duire un nouvel incendie général, ou du moins
« un très grand nombre de volcans ; mais ils
« verront en même temps que la chaleur du
« globe diminuant sans cesse, cette fin n'est
« point à craindre, et que la diminution des eaux,
« jointe à la multiplication des corps organisés,

« ne pourra retarder que de quelques milliers
« d'années l'envahissement du globe entier par
« les glaces, et la mort, de la nature par le froid. »

Qui ne voit dans ces derniers morceaux que
j'ai cru devoir citer textuellement et non analyser, craignant d'en paraître plaider au profit de
la gloire de Buffon les principales circonstances;
qui ne voit ici l'accomplissement de grandes et
hautes destinées humanitaires? Le doigt de Dieu
est là visiblement; comment, en effet, aurait-
on pu imaginer que du sein des choses jusque-là
incomprises sortirait soudainement une aussi
complète révélation; qu'un homme viendrait,
doué d'un esprit encore plus instinctif que nour-
ri d'études, et pénétrerait tout-à-coup la loi des
causes les plus cachées; que cet homme tout-à-
fait phénoménal, étant entré à 40 ans, et seulement dans le milieu de sa vie, serait appelé à
s'asseoir au sein de la création, qu'il en contem-
plerait l'immense spectacle, et qu'il arriverait à
en exposer et à en expliquer le mystérieux mécanisme.

Ce rôle imprévu dans l'humanité, il échut à
Buffon. A 71 ans (en 1778), à cette heure avan

cée des temps et de son existence, persévérant patiemment dans sa mission providentielle, et parvenu à l'apogée de ses vues intuitives et de sa gloire littéraire et scientifique, il ne resterait à ce penseur plus qu'à s'exprimer en poète, qu'à raconter en prophète les desseins de Dieu, si manifestes à ses yeux dans les ouvrages de la nature. Car il le fait avec éclat, déroulant devant ses contemporains et devant la postérité la longue série des âges successifs, dont il marque les grandes et mémorables époques.

Et c'est en ces jours de grandeur, où il entraîne l'humanité à sa suite, que Buffon aurait omis, comme on paraît l'avoir cru si long-temps, le tableau d'événements passés mais inscrits encore dans les entrailles de la terre! Il aurait renoncé à donner par lui-même, et aurait abandonné à l'exploitation du XIXe siècle ce magnifique couronnement de ses doctrines philosophiques? Oh! non sans doute, car nous avons admis que le génie jouit d'un instinct de divination, et nous avons dit comment la foi en l'avenir et l'activité des recherches de Buffon étaient encouragées et soutenues par sa lumineuse théorie *des faits nécessaires.*

Qu'on ne se hâte donc point de déclarer
qu'aux premières années du XIXe siècle seulement, et qu'à nous, les derniers nés de la
science, riches des travaux de nos devanciers
et mûris par une longue expérience, il avait été
réservé d'embrasser, pour la première fois, dans
de philosophiques méditations, les faits de la
zoologie antédiluvienne. Il est bien vrai que les
géologues et les naturalistes de notre époque
sont parvenus les premiers à sonder sur d'innombrables points les couches qui composent
l'écorce de notre globe; que seuls ils ont eu à
leur libre disposition cette multitude de débris
répandus dans les abîmes de la terre, médailles
d'un autre âge, dont chacune, dans leurs mains
habiles, a contribué à révéler la chronologie du
sol que nous foulons. Or c'est là une partie de
l'histoire du monde avant que l'homme existât.
Sans doute ces travaux ont été accomplis de notre temps et resteront une de ses gloires; mais je
l'affirme ici, Buffon a porté le premier et au loin
sa pensée sur ces âges antiques; il n'est point
resté étranger à la conception de ce qu'il devait
y avoir, dans leurs phénomènes physiques, dans

la nature de leur atmosphère, dans les conditions
des organisations qui s'y étaient développées, de
caractéristique et de profondément différent,
eu égard à ce que nous voyons aujourd'hui autour de nous. Loin de contester à Buffon l'honneur de ces prévisions synthétiques, on doit reconnaître leur connexion intime avec les premières hypothèses de ce grand homme sur la formation de l'univers; hypothèses auxquelles on
commence à accorder plus de confiance, mais
dont la valeur positive ne peut encore être ap-
préciée au milieu de la divergence des idées
actuelles des géologues.

Nous vivons en effet à une époque de transi-
tion, où les uns repoussent les conceptions avan-
cées d'un maître tel que Buffon avec autant
d'opiniâtreté, que d'autres mettent d'empressement à les accueillir.

Que les hommes du XIXe siècle ne croient
donc pas devoir attribuer seulement à eux
et exclusivement à leur savoir accru par l'action incessante et progressive du temps, le mérite d'avoir les premiers pénétré dans l'une des
mines les plus riches qui soient aujourd'hui ou-

vertes aux spéculations de la philosophie naturelle. Sans doute ils ont rassemblé avec sagacité
une multitude de faits jusqu'alors inconnus; ils
ont associé plus ou moins heureusement les lumières de la minéralogie, de la botanique, de
la zoologie, pour coordonner ces faits selon les
temps et leurs rapports respectifs; ils ont fait
ainsi une ample moisson, mais dans un champ
où déja une riche récolte avait été prélevée par
le génie de Buffon. Point d'ingratitude pour la
participation glorieuse de notre philosophe synthétique à une œuvre aussi grande; point de
réticences injustes envers le penseur profond
auquel est due la première distinction de nos
multiples créations, les unes se suivant dans leurs
conditions génésiaques, les autres au contraire
de temps en temps interrompues et finalement
renouées. Reconnaissons les droits bien consta-
tés de Buffon à la priorité pour tout ce qui re-
garde l'histoire éminemment philosophique des
vieux monuments souterrains de notre globe. Il
a dit simplement le *pourquoi* et le *comment* de
l'antique transformation des corps organisés en
pierres, éternisant dans la mort la structure et

les formes de la vie : exemples admirables de
modelages opérés par la nature; sculptures an-
tédiluviennes que l'art humain semble imiter de
nos jours, lorsque par lui des traits chéris ou
vénérés sont conservés pour l'amitié, ou trans-
mis à la postérité la plus reculée.

Je devais reprendre et signaler avec cette insistance une page éloquente de Buffon, si malheureusement oubliée. Je devais la montrer
écrite par son auteur sur le seuil du tombeau.
C'est en vain que des passions injustes espé-
raient impunément n'y rien apercevoir. A cette
manifestation puissante de la pensée d'un
grand philosophe, son jour d'apparition ne
pouvait manquer de venir et de briller dans
tout son éclat. Que les hommes avancés du
XIXe siècle y prennent garde : les regards de la
postérité sont prêts à se fixer sur eux; elle les
contemple et leur fera justice : qu'eux aussi soient
justes envers Buffon.

IV.

Par les réflexions étendues que je viens de
présenter sur quelques-unes des hautes spécu-

lations de Buffon, je crois avoir suffisamment caractérisé la grandeur philosophique de sa pensée. Inférieur à Linné dans le précis des faits et dans l'art de les classer, Buffon se place néanmoins au premier rang entre tous les naturalistes du XVIIIᵉ siècle, sans excepter l'auteur lui-même du *Systema naturæ*, par les grands traits qui éclatent à chaque page dans ses articles généraux : telles sont par exemple ses admirables vues sur la nature, tels les magnifiques exordes de chaque description spéciale. Les richesses infinies de son esprit, soit qu'il peigne les habitudes, les mœurs, les facultés, et qu'il traite de la *dégénération* des animaux; soit qu'il étende ses perceptions hardies sur l'apparition successive des êtres et de l'espèce humaine, magnifique couronnement de la création; soit enfin qu'il arrive à ses aperçus lumineux sur les raisons d'essence inhérente à la pensée créatrice, raisons éternelles à l'égard d'une nature incréée comme Dieu lui-même :

Voilà ce qui domine dans l'œuvre de Buffon, et ce qui en fera l'objet constant des investigations et de l'admiration de la postérité.

Plein de vénération, comme je le suis, pour ces trésors de l'esprit humain, pour la couronne glorieuse de notre immortel Buffon destinée à être transmise dans le lointain des âges, craindrai-je d'aborder le récit de certains détails, et de montrer quelquefois Buffon mal servi par des documents vagues ou même erronés? Non sans doute : là encore il se montre à nous avec de nouveaux droits à notre admiration. Nous allons le voir puiser, dans de profondes méditations sur la nature et l'ensemble des faits, une conviction qu'il conserve comme une idée constante et invariable, parcequ'il la juge et la place au rang des faits nécessaires. Et cependant elle lui arrive contredite par quelques-uns des éléments de détermination qui sont autour de lui. Mais lors même qu'il agit ainsi en apparence contre les règles d'une sévère logique, croyez encore à un succès, du moins sur l'objet de sa recherche fondamentale; croyez à une conquête de son génie synthétique.

Je m'explique :

Dans le tome X de son édition originale,

(page 279 [1]), Buffon traite d'un animal à bourse, de la Guyane, qu'il nomme *sarigue* ou *opos-
sum*. Dans la description de cette espèce, il place
un long article critique à l'appui d'un principe
qu'il avait lui-même créé et établi, savoir : que
les animaux des zones torrides se trouvaient res-
pectivement et exclusivement dans un continent
spécial. Souvent cette règle fondamentale devait, suivant lui, s'étendre à des familles entières, et tel était le cas auquel appartenait le
sarigue. Tous ces animaux à bourse ayant dix
dents incisives en haut, et huit en bas, tous ceux
que les classifications linnéennes rassemblent
sous le nom de *didelphis* existent exclusivement
dans les contrées chaudes de l'Amérique. Au
temps de Buffon on n'en connaissait que quatre
espèces; on en distingue aujourd'hui plus de
cinquante réparties dans quatre sous-genres. Les
mêmes propositions sont discutées au sujet des
mangeurs de fourmis, ou *fourmiliers-mammifères*
sans dents, les uns naturels à l'Inde et recouverts

---

[1] Voyez tome III, page 352, du Buffon-Saint-Hilaire,
et tome XVI, page 263, du Buffon-Cuvier.

d'écailles imbriquées, les pangolins (*manis*, LINN.), et les autres à poils, les tamanduas et les tamanoirs (*myrmecophaga*, LINN.), tous d'Amérique. C'est avec le même accord et ce bonheur que les acquisitions récentes de la science sont venues confirmer les prévisions de notre immortel auteur.

Toutefois, à l'égard des *mangeurs de fourmis*, un quadrupède trouvé au Cap et nommé *cochon de terre*, faisait difficulté; il était couvert de poils comme les *mangeurs de fourmis* d'Amérique, usait à peu près du même genre de nourriture. Buffon, lorsqu'il le connut, crut voir dans cet animal une objection à la règle qu'il avait posée, et il s'en inquiéta.

Une solution simple se présentait: c'était d'attaquer la prétendue similitude générique de ces deux sortes de *mangeurs de fourmis*; ce qui était d'autant plus facile que l'espèce du Cap porte un groin de cochon et possède des dents molaires. Aussi a-t-on reconnu en lui par la suite, et c'est moi-même qui ai fait cette détermination, les caractères d'un type à part que j'ai nommé *Oryctérope*.

Par la seule notion de cette différence, le principe que Buffon avait avancé reprenait son caractère de généralité ; mais cette différence, notre grand naturaliste ne la saisit pas, et lorsqu'il essaya de défendre sa loi, ce fut en déclarant qu'il ne croyait ni à l'existence au Cap d'un mammifère nommé *cochon de terre*, ni à celle du naturaliste Kolbe qui l'avait décrit. Ici Buffon s'était avancé trop légèrement ; il fut bientôt avéré qu'il s'était doublement mépris.

Un démenti semblable, mais mieux fondé, fut donné par lui, au sujet d'animaux à bourses, qui vivent aussi dans les Indes, et que j'ai dû également ramener à leur essence de conformations, autres, distinctes et bien caractérisées, en les considérant comme un groupe à part, qui même a depuis été subdivisé : on les appela *phalangers*. Valentyn, qui a écrit sur eux, a publié jusqu'à six volumes d'observations sur Java et les contrées voisines. Les phalangers qui s'y trouvent furent donc le sujet de discussions ardentes et hostiles contre Buffon, surtout de la part de Vosmaër, conservateur du cabinet de Leyde. J'ai moi-même vu les traces encore

subsistantes des sentiments passionnés et ineptes
de ce dernier sur les bocaux de la collection
du stathouder, lorsque, mise en notre pouvoir
par la conquête, cette collection fut transportée
à Paris. Chaque bocal portait encore l'inscription critique : *Sarigue que M. de Buffon dit
venir de la Guyane, et que j'ai reçu en direction des îles de la Sonde.* Or, ce n'était pas ici
Buffon, mais son critique, qui s'était trompé.
De chacun de ces bocaux où l'étiquette annon-
çait un sarigue, je retirai un phalanger.

Vosmaër, qui avait pris à cœur de détruire
la loi de distribution géographique des animaux, eut le crédit d'obtenir l'assentiment de
quelques naturalistes, et fatigua ainsi par lui-
même et par eux la vieillesse de Buffon ; et il
fit tant, que son illustre adversaire, craignant
l'ennui et le bruit d'une altercation scientifique, en vint à abandonner le principe de sa loi,
dans le septième et dernier tome de ses supplé-
ments, volume publié après sa mort. Cette concession, arrachée à Buffon durant ses souffrances et sur le seuil de la tombe, ne préjuge rien
contre le principe proclamé par lui, et défendu

dans tant de passages de ses ouvrages avec une ardente conviction : il reste incontestablement vrai. Toutes ces difficultés apparentes que Buffon avait cherché péniblement à résoudre à l'aide de faits, la plupart incomplétement connus de son temps ou même faussement articulés, se sont évanouies d'elles-mêmes devant les progrès ultérieurs de la science ; et la grande loi de la distribution géographique des êtres, établie par Buffon, demeure et restera à jamais comme un monument de la puissance synthétique de son esprit. Ajoutons que la loyauté avec laquelle Buffon, dans le cours des discussions qu'il a soutenues au sujet de cette loi, annonce et rectifie lui-même quelques erreurs apparentes ou réelles, fournit en même temps un témoignage éclatant de sa bonne foi et de sa probité scientifiques.

V.

Suivons encore Buffon, afin de n'avoir négligé aucune des faces de son admirable talent, dans les idées qu'il a émises sur une question plus grande encore. D'un ordre vraiment transcendental, sa solution appartient, même au jourd'hui, après tous les progrès accomplis depuis cinquante ans, bien plutôt à l'avenir qu'au présent de la science. C'est celle de la transmutation des formes animales, considérée comme dépendante de changements dans les milieux ambiants, survenus principalement dans la composition de l'atmosphère et dans l'état de la température.

J'ai plusieurs fois écrit *ex professo* sur cette matière; et bien que de grands ouvrages généraux sur ce sujet, tels que les Mémoires de Goëthe sur l'histoire naturelle; bien que les progrès récents et incontestables de la tératologie [1], concluent péremptoirement dans mon sens sur ces questions, je répugne encore à me porter juge entre d'aussi grands naturalistes tels que Cuvier et Buffon. Cependant je discute : et dans cette question d'un intérêt éminemment philosophique, l'immuable caractère de la vérité

------

[1] Je rappelle ici l'*Histoire générale des anomalies*, travail de longue haleine, si utile quoique inattendu, et dont mon fils a terminé il y a un an la publication, en livrant son troisième volume.

entraîne : il enchaîne, il oblige le logicien.

Personne n'ignore que la question de la *mutabilité* possible des espèces a été décidée en sens contraire par Buffon dans ses *Époques de la nature*, et par Cuvier dans l'éloquent discours qui précède ses *Recherches sur les Ossements fossiles*.

« Bien que la nature, avait dit Buffon en
« 1778, se montre toujours constamment la
« même, elle roule néanmoins dans un mou-
« vement continu de variétés successives, d'al-
« térations sensibles ; elle se prête à des com-
« binaisons nouvelles, à des *mutations de matiè-*
« *res ou de formes*, se trouvant aujourd'hui dif-
« férente de ce qu'elle était au commencement
« et de ce qu'elle est devenue dans la succession
« des temps. »

Bien au contraire, Cuvier développa, en 1801, une suite de propositions tendant à démontrer que la nature a pris soin d'empêcher l'altération des espèces, de conserver intactes les formes dans les corps organisés, de telle sorte que les races actuelles ne pussent être des modifications des formes anciennes que l'on trouve parmi les *fossiles*.

Les qualités éminentes de Cuvier, la lucidité admirable de sa rédaction, ses précédents comme naturaliste, enchaînaient son génie dans les formes aristotéliques; il n'eut foi que dans ses propres observations; il n'accorda de confiance qu'au rapport des choses dont l'affinité lui paraissait manifeste, quand et parce qu'il les rapprocha et les compara seulement à courtes distances, et parce que de tels rapports sont alors d'une déduction plus facile et plus sûre, enfin il crut à un monde ambiant unique et à tout jamais inaltérable, et conséquemment aux formes inaltérables aussi de ce qui avait été une fois produit; de là ses idées sur la fixité des espèces.

Cuvier se dispensa ainsi de lier la création antédiluvienne à la création actuelle; il ne s'est identifié avec les temps passés qu'en raison de ce qui subsiste encore de leur existence matérielle, car il n'a considéré que les seuls débris qu'il a pu voir de ses yeux et palper de ses mains.

Buffon, qui a précédé Cuvier, se trouve l'avoir prévenu et complété pour tout ce que nous avions à connaître des révolutions du globe, pour tout ce que nous imposent de recherches leurs relations génésiaques à l'égard des êtres organisés actuels. Son génie platonique, perspicace, poétique, vient en quelque sorte prendre place à la droite du Très-Haut. Dans sa hardiesse philosophique, ce grand écrivain voit et comprend l'organisation des mondes, comme Dieu les doit voir et comprendre, saisissant les rapports des choses qu'il parvient à apercevoir d'ensemble, parce qu'il avait su les considérer d'une grande hauteur. Le passé, le présent, l'avenir, sont révélés à qui saisit ainsi l'enchaînement nécessaire des faits. Voilà pourquoi Buffon n'admet qu'une seule création, qui a ses phases diverses d'existence, qui s'est traînée long-temps dans la débilité d'un premier âge, dont les progrès furent en un certain temps providentiel, marqués par l'apparition du genre humain, et dont les forces s'accrurent et s'accroîtront de mieux en mieux par l'empire que l'homme s'en vint prendre et qu'il continuera de prendre de plus en plus sur la surface de la terre.

S'élever au-dessus de cette fourmilière d'êtres qui s'individualisent et s'absorbent dans les

soins de la vie matérielle, aborder de front
toute les données de l'univers dans le passé, le
présent et l'avenir, enfin penser à comprendre
les rapports des choses, à les produire et expliquer, c'est entrer dans le sein de Dieu ; c'est
s'y complaire, y pénétrer avec appétence des
brillants résultats de cette célèbre sentence :
Rerum cognoscere causas; c'est, par un haut
exercice de la pensée, engager plus avant l'humanité dans les routes du savoir, de notre infinie
perfectibilité.

Au point de vue où nous apparaît notre immortel Buffon, si admirable et si profond à la
fois, nous voyons ce génie sublime lancer l'esprit humain dans des généralisations inspirées
par des divinations synthétiques ; hâter le moment où, enrichis par l'expérience des siècles,
riches de nombreux matériaux, éclairés par des
lumières diffuses à la vérité, nous serons assez
avancés pour embrasser philosophiquement
l'ensemble des faits naturels, les coordonner,
les comparer et les ramener à des vues unitaires.

Nous touchons sans doute à cette magnifique
époque du progrès, où déja la proclamation de

l'*Unité* de *composition organique* a conduit à la formule plus exacte, au sentiment et au développement de la pensée de Buffon, que le monde extérieur, considéré dans son ensemble, est un tout infiniment varié dans la multitude de ses parties diversement coordonnées. Cette grande unité, abstraction que Buffon ne fit qu'entrevoir, est devenue l'une des pensées dominantes de notre âge scientifique, et celle autour de laquelle se rallient tous les naturalistes progressifs : résultat amené par les crises laborieuses, mais nécessaires, qui ont suivi le choc des deux écoles.

Je fais ici allusion aux circonstances de la lutte de 1830 au sein de l'Académie de Paris.

Ce fut un spectacle que l'histoire des sciences ne présentera peut-être jamais pour la seconde fois, dit Goëthe (et ce grand poëte s'en émeut, avec une prédilection marquée, jusqu'à se consacrer à suivre et à faire connaître à l'Allemagne toutes les phases de cette lutte scientifique, et opiniâtre); il en suit les développements jour par jour, et il y est en effet revenu à plusieurs reprises, en s'interposant comme juge.

Ce fut un spectacle non moins mémorable
que celui de ce vénérable vieillard, le génie littéraire le plus extraordinaire et le plus flexible
de son temps, jetant ses dernières paroles à sa
patrie, pour lui recommander par un ultime
effort, les principes de l'école française si long-
temps méconnue, et qu'il relève enfin au nom
de l'*Unité de composition organique*[1]. A partir
de cette époque, date une nouvelle ère de savoir philosophique pour l'histoire naturelle :
ses vues générales se concentrent sur les rapports des êtres. Aucun ouvrage important ne
paraît plus, qu'il ne s'annonce comme basé sur
le sentiment et les principes de l'unité originelle
des choses. S'il survient encore quelques livres
écrits dans l'esprit de l'ancienne école, ils n'ont
plus que le mérite relatif d'un catalogue plus
précis, plus méthodique ou plus complet. S'ils

---

[1] Voyez le traité d'anatomie comparée de ce grand
philosophe, dans ses œuvres d'Histoire naturelle, édit.
in-8° p. 164, traduites par Charles Martins. L'Académie
des sciences s'est fait rendre compte de cet ouvrage, et
mon fils, M. Isidore G. S.-H., fut chargé du rapport.
qu'il a présenté à l'Académie le 12 mars 1838.

sont dignes d'encouragement, c'est seulement comme continuant l'enregistrement des productions de la nature, et étendant ainsi de plus en plus les bases de la généralisation et de la spéculation théoriques. Plus les espèces sont multipliées par ces travaux faits sans le lien d'une méthode unitaire, et cela il faut le dire maintenant, plus les classifications perdent cet ordre et cette régularité qui en faisaient autrefois tout le prix et toute l'utilité. Je pourrais citer tel grand et important ouvrage de zoologie qui, de sa première à sa seconde édition, a perdu son mérite primitif, uniquement pour avoir adopté et placé sans examen dans les rangs de ses familles la multitude des espèces et des genres, nouveaux ou prétendus nouveaux, récemment décrits et publiés.

C'est avec un espoir bien plus élevé que celui de quelques améliorations de détail, qu'il faut songer à remanier tous ces ouvrages de classification et de nomenclature : ils ont fait leur temps. Tous sont écrits sous l'influence d'une erreur fondamentale, ils sont dictés par cette pensée que l'espèce est frappée d'immutabilité. Sans

doute ce seront toujours des livres utiles et nécessaires aux études des élèves que les ouvrages
par lesquels on apprend à nommer, à décrire et
à classer les êtres; mais sous le point de vue véritablement scientifique, il est temps de recourir
aujourd'hui à un tout autre mode de rédaction;
une méthode inverse de celle qui jusqu'ici a été
suivie doit, selon moi, lui être substituée [1].

C'est de l'élément synthétique que tout doit
émaner, mais autrement qu'on n'a jusqu'à présent imaginé de le faire. Ainsi dans cet exemple, nous voyons les auteurs pensant à généraliser, ramener tous les singes à l'idée abstraite
d'un seul animal à quatre mains. Or, l'observation s'accorde-t-elle avec cette notion générale?
Loin de là, un grand nombre de singes améri-
cains, mais sur-tout les petites espèces, les *ouis-
titis*, les *pinches*, les *midas*, les *arctopithèques*
gravissent les arbres au moyen d'ongles longs,

---

[1] Isidore Geoffroy Saint-Hilaire, avec une profonde
raison et la sagacité qui le caractérise, avait déjà exposé quelques vues analogues dans son article Zoologie
de l'Encyclopédie du XIXe siècle.

recourbés, acérés, et non par l'action saisis-
sante de leurs doigts; ils ont bien cinq doigts,
mais nullement en avant un pouce opposable,
et par conséquent ils n'ont pas de véritables
mains. De même les *atèles*, *ériodes* et *colobes*,
singes sans pouces antérieurs, sont plus complétement encore privés de la conformation qui
est considérée comme caractéristique pour tous
les singes, et comme déterminant leur réunion
en un seul groupe. Quelle induction tirer de ces
cas exceptionnels? Nulle autre, si ce n'est que
ces altérations, ces atrophies d'une petite partie
de l'être, ne préjudicient en rien aux convenances générales de l'ensemble. La nature est infaillible et incapable de contradictions; et, par
exemple, ces atèles privés de pouce présentent
la compensation de cette atrophie dans les
membres mêmes qui en sont atteints : leurs
mains sont plus longues.

Naturalistes classificateurs, vous créez à chaque pas des exceptions; vos décisions pure-
ment arbitraires établissent *à priori* des principes faux : car votre principe, dans le cas qui
nous occupe, n'est-il pas que tout singe doit

avoir ses pouces opposables aux autres doigts? Qui se trompe en cette occasion de la Nature ou de vous? vous seuls sans doute, vous qui, étant placés devant le tableau des êtres, devriez vous borner au rôle d'historiens et de peintres fidèles. Buffon, ce philosophe par vous tant décrié pour n'avoir pas saisi le côté avantageux du classement des êtres, n'aurait-il pas par hasard mieux que vous compris ce rôle d'historien fidèle? Il décrit l'atèle coaïta sans le classer, sans élever l'absence du pouce à un caractère général pour les singes analogues au coaïta par leurs formes générales; en cela il fait bien, puisqu'il existe, comme tout le monde le sait aujourd'hui, une espèce infiniment voisine du coaïta, même par son pelage noir, qui est pourvue du pouce antérieur manquant à celui-ci. Ainsi Buffon, ne s'astreignant pas à emprisonner ses idées dans le cadre d'une distribution régulière et presque géométrique, dit ce qu'il sait et ne préjuge rien sur ce qu'il ne sait pas : discernement d'un sage qui ne met point les illusions de son esprit à la place de la réalité, et attend qu'il ait vu tout le tableau pour le dérouler en entier.

Dans leur manière si différente de procéder, qui, de Linné ou de Buffon, a été guidé par des prévisions plus conformes aux résultats que devait fournir l'avenir? Tous deux ont subi les conséquences de leur point de départ, sans que ni l'un ni l'autre ait réussi complétement. Mais il reste à Buffon l'avantage de n'avoir pas restreint l'élévation de ses pensées au niveau de la création d'une classification nécessairement arbitraire, alors même qu'elle est faite avec le plus d'habileté : car elle reste basée essentiellement sur une idée qui devait disparaître de la science, celle de la fixité de l'espèce.

La nécessité de la grande et salutaire réforme que j'indique ici n'est encore sentie que par quelques esprits avancés. Pour que l'idée de la fixité de l'espèce soit définitivement abandonnée, il faut achever de vaincre une résistance qui a tendu si long-temps et tend encore à retenir l'esprit humain dans une ligne d'études, utiles autrefois, principalement sous les efforts actifs et intelligents de notre dernier chef d'école, l'habile G. Cuvier, mais présentement vieillies et usées.

Selon l'illustre savant dont nous venons de
rappeler les travaux, mais surtout selon ceux
qui, sous lui et après lui, se sont faits les défen-
seurs exagérés de ses doctrines, l'exposé fidèle
et précis des *faits positifs*, qui n'est et ne saurait
être qu'une des bases de l'histoire naturelle, ce
serait la science tout entière! Dénommer, décrire et classer un animal selon ses rapports, ce
serait pour le naturaliste avoir complété son œuvre. Tout au plus peut-il être permis, et je cite
ici textuellement, de *déduire les conséquences
les plus immédiates* des faits que l'on décrit. De
là l'interdiction de toute philosophie, si bien
que le nom même de *philosophe de la nature*
avait fini par devenir la désignation injurieuse
de ceux que l'on jugeait les partisans trop hardis
des innovations. Qu'attendre, disait-on, *de ce
philosophe de la nature*, de ce naturaliste qui
ne s'en tient pas à la considération des *faits positifs*, sinon seuls vrais, au moins seuls suscepti-
bles d'être démontrés? Et ici, la réprobation
serait quelquefois remontée jusqu'à Buffon, lui
si éminemment le philosophe de la nature : elle
l'eût atteint, si, retranché et inaccessible dans

sa gloire littéraire, il n'eût été trop au-dessus de toute attaque. On pardonna donc à ses pensées en faveur du style dont il les avait revêtues : on le célébra comme écrivain, on l'oublia comme savant, et tellement que nous ne trouvons guère jusqu'à ces derniers temps qu'un seul hommage digne de lui, rendu à son génie scientifique ; c'est ce passage écrit par cet autre *philosophe de la nature,* dont le nom complète si bien cet hommage, celui du grand poète Goëthe :
« Je suis né, a-t-il écrit dans son article sur les
« débats de 1830, en 1749, dans cette année
« où ont été publiés les trois premiers volumes
« de l'œuvre de Buffon : j'attache du prix à cette
« coïncidence. »

Les belles conceptions de Buffon avaient été si bien étouffées sous un monceau de faits de détail, seuls éléments positifs, disait-on, seuls élements rationnels de la science ; elles avaient été si bien tenues en dehors de ce lourd bagage, que sa grande pensée, même après avoir été si hautement proclamée dans l'*Histoire naturelle générale,* que l'idée de la *mutabilité des espèces* était entièrement oubliée. Mais enfin cette vérité trouva un nouvel et puissant interprète. Celui qui vint proclamer de nouveau la mutabilité des espèces selon de certaines circonstances, qui se posa par cela même l'adversaire de G. Cuvier, et qui se montra le digne rival d'un aussi grand maître, ce fut Lamarck. Membre avec lui du professorat du Muséum d'histoire naturelle, ce profond naturaliste devait précisément à Buffon son entrée dans l'établissement dont il fut aussi l'une des gloires. Connu de Buffon dans sa jeunesse, aimé et estimé par ce grand homme pour son caractère aventureux et enthousiaste, et pour son penchant dès-lors bien marqué à la généralisation, Lamarck en avait même reçu une mission de confiance. Il avait été chargé par lui de guider son fils dans un voyage d'instruction en Allemagne, et ce fut au retour de cette excursion qu'un modeste emploi lui fut assuré au Jardin royal des Plantes.

Par une coïncidence remarquable et qui du reste se rattache à ce principe que les mêmes causes, agissant de synchronisme, produisent les mêmes effets, Lamarck dominé par

une toute semblable ardeur de génie que Buffon, non moins ferme et absolu dans ses conceptions, marchant droit à son but, tomba,
comme son illustre devancier, dans d'aussi grandes négligences d'exécution. De même que nous
avons vu Buffon baser sur des données fausses
sa belle loi relative à la distribution des animaux dans les deux continents, de même Lamarck, pour arriver à la démonstration du
principe vrai de la variabilité des formes chez
les êtres organisés, produisit trop souvent des
preuves surabondantes, exagérées, et pour la
plupart erronées, que ses adversaires, habiles à
saisir le côté faiblissant de son talent, s'empressèrent de relever et de mettre en lumière. At-
taqué de tous côtés, injurié même par d'odieu-
ses plaisanteries, Lamarck, trop indigné pour
répondre à de sanglantes épigrammes, en subit l'injure avec une douloureuse patience. Je
me garderai d'insister sur ces souvenirs; j'aurais
trop d'acusations à porter.

Lamarck vécut long-temps pauvre, aveugle
et délaissé, non de moi; je l'aimai et le véné-
rai toujours. Sa fille, nouvelle Antigone, vouée

aux soins les plus généreux de la tendresse filiale, soutenait son courage et consolait sa mi-
sère par ces seuls mots : *La postérité vous honorera ! vous vengera !*

Ce jour serait-il enfin arrivé? je n'en doute
pas.

VI.

Tout en signalant dans l'œuvre de Buffon
quelques taches inévitables à l'époque et dans
les circonstances où elle a été composée, je me
suis attaché à repousser quelques critiques selon moi mal fondées et inspirées seulement par
une intelligence incomplète de ses pensées, et
par les préjugés de son temps et du nôtre. J'ai
mis ainsi le lecteur à même d'apprécier sous
quels points de vue, et je crois pouvoir ajouter
pour quelles causes Buffon est parfois resté au-
dessous de la tâche immense qu'il s'était pro-
posée, et comment, au contraire, sous tant d'autres points de vue, il a eu une si grande supériorité sur tous les naturalistes de son siècle,
les précédant de si loin par la nouveauté auda-
cieuse de ses conceptions, dont plusieurs sont

au niveau ou même fort en avant de celles de
notre époque. Il me reste encore, pour compléter le jugement que j'ai essayé de porter sur
Buffon considéré comme géologiste, à dire quelques mots sur ses travaux à ce titre. Ici je serai
court. Je me serais même tu, si je ne croyais
pouvoir encore ici rectifier quelques opinions
trop prématurément conçues.

La pensée presque générale des physiciens et
des géologues s'accorde à condamner Buffon sur
l'ensemble de sa physique céleste. Assurément,
j'hésite ; car je suis le premier à considérer quelques-unes de ses conceptions géologiques comme
hasardées et fausses. Mais en est-il ainsi de toutes ? et ne pourrions-nous pas, pour plusieurs
d'entre elles, et comme nous l'avons fait aussi
pour plusieurs de ses théories zoologiques, en
appeler de la science actuelle à la science fu-
ture ?

Pour moi, je suis profondément convaincu
qu'il en est ainsi, et que quelques-unes de ces
vues de Buffon, reprises, commentées, et définitivement éclairées par le flambeau philosophique d'une pensée d'avenir, attend le juge-

ment plus équitable d'un savoir plus complet
et d'une intelligence plus supérieure. Ce ne sont
point ici des paroles jetées au hasard. Mes derniers travaux au sujet des os crocodiliens trou-
vés dans les terrains de la haute plaine de Caen,
me font entrevoir des théories d'organisation
animale à suivre intellectuellement à travers
l'obscurité immense des âges antédiluviens.

L'histoire approfondie des diverses conformations crocodiliennes permettra de distinguer
plusieurs époques, beaucoup peut-être, encore
inconnues dans le lointain antédiluvien, je le
pressens du moins, dans le lointain des âges
de la terre, auxquelles correspondent des états
successifs et progressifs d'animalité, et qui con-
duiront à d'importantes notions sur les différences de température et sur le refroidissement
du globe.

Parvenus à ce point de savoir, nos neveux,
par des témoignages irrécusables, se convain-
cront de la justesse des idées de Buffon sur
l'origine de la planète habitée par notre espèce.
Ils reconnaîtront que le sol de cette partie de
l'univers ayant cessé, à sa surface d'abord, d'ê-

tre incandescent, des animaux et des végétaux apparurent, *Deo volente*, sous l'action des milieux ambiants, et avec des volumes réglés par leurs facultés de capacité propre pour la chaleur; c'est-à-dire qu'ils existèrent d'abord doués d'une tendance vers ces proportions colossales dont nous avons pu et dont nous pouvons toujours recueillir quelques souvenirs et quelques traces dans une filiation abâtardie (1).

---

¹ J'étais en septembre 1837 sur le terrain de la Maladrerie, près de Caen, pour y prendre connaissance des localités dans lesquelles on venait de découvrir un *crocodilien fossile*, colosse de 45 pieds. Un lézard passa à portée de la carrière aujourd'hui comblée, d'où l'on avait extrait le colosse paléontologique. C'était le lézard commun de nos pays, fort grand dans la campagne de Marseille et en Espagne, et pauvre avorton comme volume aux environs de Paris, climat plus froid.

Sur ce souvenir, et tout aux préoccupations que j'avais sous les yeux un descendant des races antiques de crocodiles, selon qu'elles avaient existé au temps des premiers événements du refroidissement de la terre, je ne pus m'empêcher d'exposer le sujet de ma méditation à un jeune écolier qui m'accompagnait, et qui, ayant couru sur le lézard, s'en était emparé. Que d'idées nouvelles entrèrent dans ce jeune cerveau, quand je lui expliquai entièrement mes pensées!

Voilà ce qui ne manquera pas de devenir un sujet d'étude pour les âges à venir, et ce qui mettra en lumière les rapports de la diminution successive et insensible de la température avec la diminution simultanée et progressive en raison inverse de la taille des êtres, depuis l'époque de la création.

Jusqu'à quel point pouvons-nous croire accessibles à l'observation de l'homme des études sur de pareils sujets? Comment notre espèce pourra-t-elle remonter par la pensée dans ce passé qui l'a précédée de tant de siècles? Nul ne peut le dire aujourd'hui avec précision; mais il est dès à présent permis d'affirmer que, s'il est en géologie une chance et quelque espoir de la voir s'élever à une cosmogonie vraiment philosophique, c'est en s'engageant et en marchant largement dans les voies où nous a précédés Buffon, et en s'inspirant des pensées de son magnifique fragment sur les os fossiles.

VII.

Quant à des détails sur le personnel de Buffon, tant de ses biographes ont mis de l'empres-

sement à les multiplier, que nous y renvoyons le
lecteur (1) : et de ceux-ci il en est du rang le
plus honorable qui ont vécu dans son intimité,
comme Condorcet, Vicq-d'Azyr et Lacépède.
La notice de Cuvier, placée dans la *Biographie
universelle,* jouit sur-tout d'une estime méritée; et
je ne puis non plus me dispenser de citer particulièrement un morceau rempli d'anecdotes très
curieuses, par Hérault de Séchelles, jeune magistrat attaché au parquet du parlement de Paris, et depuis député à la Convention nationale;
car il contient le récit animé et spirituel d'une
visite que ce jeune et éloquent écrivain, qui depuis périt si misérablement, rendit à Buffon
dans sa retraite de Montbard. On peut regretter
que la confiance de l'illustre vieillard et les
droits de la plus gracieuse hospitalité n'aient
point été plus respectés; mais l'observateur, qui
fut sans pitié ni retenue, fait jouir du moins la
postérité des effets de sa sauvage indépendance,

---

1 Voici les noms de plusieurs : Condorcet, Brousson-
net, Vicq-d'Azyr, Saint-Lambert, Moreau de la Sarthe.
Lacépède, Marquis, etc., etc.

en trahissant et en ayant rendu dans une peinture originale et vraie toutes les nuances de la
pensée intime du célèbre naturaliste.

De ces récits biographiques résultent ces données générales : Le goût dominant de Buffon
était le faste et la représentation ; il avait un
besoin insatiable de considération publique ; sa
mise était des plus soignées, et sa téte haut portée. Il vivait en grand seigneur, l'été dans ses
terres et l'hiver à Paris ; et dans ces deux positions, il recueillait d'instinct ou avec réflexion
les diverses sortes d'hommages qu'elles pouvaient
lui procurer.

A la campagne, il fut pour les villageois un
modèle de soumission aux règles et devoirs so-
ciaux : les jours fériés, il se rendait à sa paroisse
où il allait occuper son banc seigneurial, et où
il exploitait et se faisait concéder tous les me-
nus avantages de son rang élevé. Il allait à l'é-
glise accompagné d'un capucin, son complaisant commensal, qu'il avait pourvu des emplois
de son confesseur et de l'intendant de ses affaires domestiques ; comme propriétaire de mines
et de forges, il avait beaucoup de temps à don-

ner à de telles affaires. En semaine, Buffon diri-
geait ses promenades vers les champs, où les
travaux de la terre appelaient la population; et,
chemin faisant, il se complaisait à saluer de propos galants les femmes et les filles qu'il trouvait sur son passage. Ses heures de travail étaient
réglées : il vivait en famille dans son manoir
principal, et prenait une vive part à la cause-
rie parfois médisante de la société : puis le penseur, le grand naturaliste se rendait au fond de
ses jardins dans un pavillon, où, retiré et médi-
tant, il devenait inaccessible.

Habitant la capitale, ses relations personnelles devenaient étrangement différentes. Il en-
trait en communication avec la grande société,
celle des salons aristocratiques, et des hommes de
lettres et des savants ses confrères; il étendait
les rameaux de sa correspondance jusqu'aux tê-
tes couronnées : car la puissance de son nom
imposait à Frédéric-le-Grand et à la *grande
Catherine*, qui se sont épuisés en avances et sont
descendus avec lui aux manières de l'intimité
pour l'attirer dans leurs États. Il n'y eut pas jusqu'à Louis XV qui fut gagné par l'exemple, et

qui consentit en sa faveur à un acte *bienveillant
et déclaré accompli de propre mouvement.* Ce roi,
justement décrié pour l'avilissement de ses
mœurs, crut décorer et grandir la personne de
Buffon, en le faisant plus *grand-noble,* et en
l'affublant du titre de comte.

Mais la plus grande attention de Buffon vivant à Paris fut de se concilier le constant intérêt des ministres pour qu'ils obtempérassent
à ses demandes multipliées concernant son administration du Jardin royal, et à ses desseins
d'ériger en ce lieu un temple à la nature. Buffon
en était resté parfaitement considéré et aimé,
et s'il fut douloureusement offensé par la cour
dissolue de Versailles, si sa vive susceptibilité
en fut troublée, ce fut à l'insu du ministère.

Voici dans quelle circonstance:

Buffon, par l'éclat de son illustration personnelle, avait si grandement relevé la dignité de
son emploi, si honoré sa haute fonction du
prêtre de la nature, que le plus puissant seigneur de la cour s'en voulut revêtir. M. le comte
d'Angivillers, comme sur-intendant des bâtiments de la couronne, était la source des gra-

ces et les voulait toutes pour son compte. Il prétendit à la survivance de la place de Buffon. Mais le ministère, rempli de respect pour cette gloire française, ne voudra sans doute point que l'on fasse ce déplaisir à son illustre ami. On agit, le craignant, sur le dauphin père de Louis XVI. Celui-ci consentit à s'avilir dans ce complot : il obtiendra, et il a en effet obtenu que le roi signât très secrètement la nomination demandée.

Un jour à venir, cette place sera, suivant moi, reconstituée; aujourd'hui, c'est déja nécessaire. Utilement supprimée en 1793, sa réinstitution est commandée par de nombreux motifs. Il la faut dans ce temps-ci forte et dégagée des passions qui agitent son administration actuelle.

Ainsi, je marche dans les voies ouvertes à la philosophie sous la direction de Buffon et de Goëthe. Il n'en a pas fallu davantage pour que je fusse frappé dans ma position, acquise par quarante-cinq ans de travaux incessants. Moi de même, j'ai eu aussi le *cœur percé* : et à ce sujet, en rappelant ce que Buffon eut à souffrir

quand il connut le nom de son indigne successeur : je m'explique dans la note suivante (1).

Qui sait même si un jour à venir l'établissement du Jardin-du-Roi ne deviendra pas un apa-
nage d'honneur pour un prince du sang? Car

---

[1] Buffon ne fut point seul dans sa vieillesse et sous
l'ancien gouvernement ainsi indignement tourmenté :
un autre exemple d'une de ces mêmes injustices ou-
trageuses était venu choisir un homme que *ses services,
sa gloire, sa vieillesse même rendaient plus vénérable*,
selon l'expression d'un historien, et montrer aussi,
succombant dans les douleurs de sa susceptibilité, le
plus grand peut-être des génies de la France.

En 1702, Bossuet, le flambeau de l'Église, devant
lequel venaient se courber toute intelligence élevée
et même les sectes adverses de toute l'Allemagne et de
toute l'Europe, reçut dans son pays la première offense
qu'ait subie sa gloire. Le chancelier de Pont-Chartrain
fit défendre à Bossuet d'imprimer une instruction pleine
de savoir et de force qu'il allait publier comme évêque
de Meaux, sur un livre de Richard-Simon : il voulut
contraindre le grand prélat à se soumettre à une cen-
sure préalable.

Bossuet fut profondément blessé de ce procédé : son
indignation, pour cette injure personnelle, s'exhale
dans des lettres à Pont-Chartrain, au cardinal de
Noailles, et enfin à Louis XIV. J'AI LE COEUR PERCÉ,
dit-il, etc. Louis XIV s'interposa et fit justice.

n'est-ce point entrer dans des notions afférentes aux hauts desseins du Créateur que de présider à l'ordonnance d'un temple dont la grandeur dépasse aujourd'hui les prévisions ambitieuses de notre immortel Buffon; et au surplus cela n'appartiendra qu'à de la force dans la pensée ou à un très grand rang social. Le Jardin-du-Roi parvenu dans sa *maximation* de splendeur, c'est-à-dire à la septième époque de ses progrès [1], devient une école resplendissante de lumières théosophiques et abondantes en idées morales et politiques. L'établissement, devenu une miniature du globe, intéressera donc par la considération de ses matériaux abondants et par les rapports et la raison vraie des choses.

Le secret des complotants royaux sur la survivance donnée au sur-intendant des bâtiments

---

[1] Voyez le *Discours préliminaire* de mes *Études progressives d'un Naturaliste*, in-4°, 1835:

Et le récit de mes récentes contrariétés dans mes *Notions de philosophie naturelle*, février 1838, pages 117 et 118.

Ces deux ouvrages se trouvent chez Denain, libraire, rue des Saints-Pères, n° 26.

de la couronne ne fut point gardé : il en courut
quelque rumeur qui blessa, comme nous l'avons
vu, la fierté du prince des naturalistes. On nia
long-temps, et l'on imagina enfin de calmer ses
ressentiments en lui consacrant une statue. Car
en rendant fastueux et magnifique l'emplacement au cabinet du roi où cette statue serait
érigée, l'on croyait bien avoir trouvé un terme
de consolation au gré de Buffon. En rentrant à
Paris l'hiver suivant, l'immortel naturaliste en
eut la surprise, et en conçut une joie qui alla
jusqu'à l'enivrement. On ne parla plus du survivancier désigné.

Cependant quand vint le moment de saisir
l'emploi devenu vacant, le survivancier breveté
n'osa point affronter l'indignation publique : il
passa la charge comme *argent*, les fonctions de
Buffon comme revenu, à un frère, le marquis de
Labillardrie, personnage sans la moindre valeur.

Ce qui assurait le triomphe de Buffon vis-à-
vis le pouvoir, furent ses assiduités courtoises
près des ministres et de leurs premiers commis,
mais surtout sa réputation *méritée* d'agir avec
désintéressement, et toujours dans un senti-

ment de gloire française. Sous son intendance, le matériel de l'établissement s'accrut considérablement.

Son grand nom et son habileté dans les affaires l'amenèrent à mettre à bonne fin de très difficiles négociations. Il parvint à se rendre agréable à ses voisins, les moines de l'abbaye Saint-Victor, propriétaires d'un immense terrain compris entre le jardin et la rivière, terrain nécessaire et convoité pour l'agrandissement de l'établissement. Ces moines formaient une corporation dite de main-morte et mineure quant à la gestion de leurs biens. Toutefois, chose inouïe avant la Révolution, ils consentirent l'échange et la cession de leurs propriétés, déclarant n'avoir rien à refuser à un Buffon.

Ainsi c'était la puissance de son nom qui avait préparé ce succès. Cette puissance imposait de même par toute la terre, dans les lieux les plus distants comme les plus solitaires, c'est-à-dire partout où ses écrits avaient pénétré. Buffon s'y était créé des disciples, attentifs à lui complaire par des dons volontaires. L'impératrice de Russie, animée des mêmes sentiments,

lui avait envoyé de riches mines de malachite,
et toutes les plus belles fourrures que produi-
saient ses États, c'est-à-dire un choix des plus
magnifiques zibelines. Buffon n'acceptait rien
pour son propre compte, mais pour le Muséum
qu'il formait. G. Cuvier et moi, nous l'avons
toujours imité sous ce rapport.

Le goût de l'histoire naturelle ainsi popula-
risé et propagé, il en résulta des correspondants
dévoués et empressés. A la voix de Buffon, de
nombreux échantillons furent dirigés sur nos
collections, mouvement dès-lors imprimé et qui
ne fut plus interrompu; en sorte que nous, sa
bien minime monnaie comme lui ayant succédé
au titre d'administrateurs, nous devons encore
aujourd'hui à notre maître le continuel concours
de tous les naturalistes que son école a formés,
et qui sont restés émerveillés de tant de gloire
à ce moment départie à l'humanité, et par ses
soins.

Ainsi le Muséum d'histoire naturelle sous
Buffon et par Buffon a crû et prospéré en raison
de ces deux causes simultanées : d'une part, par
le concours d'esprits plus éclairés et flattés d'une

riche instruction, accordant leurs vives sympathies à l'amélioration de notre matériel ; et
d'autre part, cette amélioration obtenue comme
ayant amené la transformation d'une modeste
et ancienne fondation à l'état d'un monument
scientifique, parce qu'ils s'associaient avec orgueil à l'exigence de ces utilités, et voulaient
encourager les services littéraires et philosophiques qui en étaient la conséquence.

De tout cela, il est résulté que le principal
édifice de l'établissement ayant été autrefois une
belle maison de plaisance, et qui avait satisfait
à deux destinations, 1° celle de servir de logement à l'intendant, et 2° d'offrir des appar-
tements pour le dépôt de divers produits phar-
maceutiques, devint insuffisant. A chaque accroissement Buffon livrait une pièce de son
logement ; un jour ce fut le local de sa bibliothèque, puis en définitive il livra tout son logement. L'intendant, qui ne reculait devant aucun
sacrifice, se plaça à loyer dans le voisinage, où
il demeura jusqu'à l'acquisition d'un hôtel en-
clavé, qui lui fut affecté.

On m'a raconté à ce sujet l'anecdote suivante.

qui peint Buffon aux prises avec les faits so-
ciaux de son temps, s'y montrant avec des dispo-
sitions de bienveillance qui se conciliaient chez
lui avec sa force de caractère, dont nous avons
dit plus haut que l'académicien Hellot avait été
frappé. Des arrangements furent pris pour la
remise et l'occupation de l'hôtel. Buffon offrit
de lui-même de grandes facilités, faisant des con-
cessions en délais et en indemnités pécuniaires
au-delà de ce qui lui était demandé; mais sous
la condition expresse qu'au jour dit (car il re-
viendrait pour cela de la campagne), il serait
irrévocablement mis en possession. On promit
sans tenir parole. Mais lui, revenu comme
il l'avait annoncé, fit, pour premier avis de
son retour, travailler de grand matin à en-
lever la toiture de la maison. La pluie était
battante : la remise des lieux lui fut faite le soir
même.

VIII.

N'oublions point en terminant d'insister sur
la distinction importante à faire des caractères
de nos deux Philosophes de la Nature, chefs de

l'école synthétique et glorieuse en histoire naturelle. Buffon occupé dès son adolescence de
travaux sur la *Statique* de Hales et sur le traité
des *Fluxions* par Newton, et s'appuyant sur ces
prémices, fit ainsi son entrée dans les sciences
physiques et mathématiques. Parti de ces sommités du savoir philosophique, son génie se
complut et se mûrit dans ses hardies conceptions et de pénétration touchant les grands phénomènes de la nature; et c'est enfin, arrivé à
l'apogée de son talent, qu'il développa dans son
magnifique ouvrage, LES ÉPOQUES DE LA NA-
TURE, les sublimes et poétiques manifestations
qui éclatent dans les desseins de DIEU.

Goëthe, au contraire, inspiré très jeune et
instinctivement pénétré de l'âme du poëte, unit
dès l'abord la synthèse à l'analyse : il promène
et place l'unicité de ses sentiments sur tout ce
qui est accessible à sa vaste intelligence; synthétisme de l'esprit et analyse des choses; et sur
la fin de sa vie, inclinant davantage vers les
idées positives sorties de la contemplation de
l'univers, il comprend, développe et applique
les règles du prince des naturalistes

Je résume le cours de la vie intellectuelle de Buffon comme il suit : Savant, il est compris et adopté par ses pairs. C'est en 1733 qu'il est admis dans l'Académie des sciences. Et plus tard, au moins aussi lettré qu'aucun de Messieurs de l'Académie des quarante, cette corporation des grands esprits du XVIIIe siècle l'appelle dans son sein : mais 20 ans après, en 1753.

Moncrif, alors directeur de l'Académie française, reçut le récipiendaire; et Buffon, directeur à la suite et à son tour, répliqua aux discours des nouveaux académiciens Watelet, La Condamine, de Chastellux et duc de Duras.

Son fauteuil fut après lui, le 11 décembre 1788, occupé par Vicq-d'Azir, lequel vint discourir sur la nature, paraphrasant ce texte : *la France n'avait produit aucun ouvrage qu'elle pût opposer aux grandes vues des anciens sur la nature : Buffon naquit, et la France n'eut plus, à cet égard, de regrets à former.* Vicq-d'Azyr, l'une des lumières de l'anatomie comparée, esprit de même trempe, lui succédait naturellement; même synthétisme dans les vues, même grandeur philosophique [1].

La statue érigée en l'honneur de Buffon, et pour les motifs que j'ai fait connaître, fut arrachée à des craintes et sortit du sein de sentiments ignobles, dont il perça quelque chose. On crut se venger, ou du moins l'accorder avec aigreur, par le choix de l'épigraphe qui fut composée en termes à double entente : *Naturam amplectitur omnem :* et pour qu'on en comprît mieux le sens odieux, on suscita un jeune espiègle qui vint à plusieurs reprises écrire au-dessous des mots consacrés, cette explication : *Qui trop embrasse mal étreint* [2].

Buffon averti, éclata. Cette épigraphe dis-

---

[1] En veut-on une preuve manifeste? consultez la note ci-après, page 127, note écrite dans un autre but, mais d'une application parfaite à ce qui précède.

[2] Ces sentiments ignobles se signalaient jusqu'à imaginer et produire des croquis appelant l'attention sur le sens qu'on entendait attacher au mot *naturam*. C'est de *M. Antoine Laurent de Jussieu* que je tiens les détails de cette anecdote.

parut, et fut remplacée par cette autre présentement maintenue : *Majestati naturæ par ingenium.*

Toutefois quelques critiques, aux sentiments haineux, protestèrent pour en blâmer et en déclarer le ton trop louangeur.

Mais de nos jours, pour les esprits avancés et doués de savoir philosophique, c'est un autre jugement. Car si je n'ai point été exagéré dans les considérations développées en la présente notice, plus de doute; l'application de cette dernière épigraphe : C'EST JUSTICE. Dans ma profonde conviction, je me plais à redire et à proclamer ce sentiment aujourd'hui universel :

MAJESTATI NATURÆ PAR INGENIUM.

Plus de sentiments envieux de la part des contemporains, mais les franches allures de l'admiration de la postérité.

GEOFFROY SAINT-HILAIRE

15 mars 1838.

PREMIERE ANNOTATION[1].

RAPPORT

A L'ACADÉMIE DES SCIENCES

SUR LES ŒUVRES D'HISTOIRE NATURELLE DE GOËTHE

Extrait des comptes rendus des séances de l'Académie des Sciences.
Séance du 12 mars 1838.

L'Académie a renvoyé à l'examen de deux de ses membres, M. Auguste de Saint-Hilaire et moi (Isidore Geoffroy Saint-Hilaire), la traduction des *OEuvres d'Histoire naturelle* de Goëthe, tout récemment faite et publiée par M. le docteur Martins. M. Auguste de Saint-Hilaire,

---

[1] Explications au sujet des notes, pages 11 et 72.

que l'état de sa santé retient malheureusement
loin de l'Académie, lui enverra prochainement
de Montpellier son rapport sur la partie botanique de cet important ouvrage : je présente aujourd'hui la portion du travail dont j'ai été spécialement chargé, c'est-à-dire l'analyse des
principaux travaux zoologiques et anatomiques
de Goëthe.

Vos Commissaires, en effet, ont l'un et l'autre
pensé que la mission qu'ils tiennent de l'Académie ne saurait se borner à une simple appréciation de la fidélité et de l'opportunité de la
traduction; mais qu'ils devaient remonter jusqu'à l'auteur lui-même, et essayer de le suivre
dans la voie scientifique où, l'un des premiers
parmi les zootomistes allemands, il s'est engagé
et s'est avancé sans cesse d'un pas si ferme. En
donnant à nos rapports cette extension, nous
avons cru les rendre à-la-fois plus dignes de
l'Académie et plus utiles à la science ; ils pourront contribuer à détruire des opinions très
inexactes et encore très généralement répandues
sur les travaux scientifiques de Goëthe, et hâter
le moment où ce grand nom prendra, dans

l'histoire de l'anatomie philosophique, le rang
élevé auquel il a droit.

La gloire littéraire de Goëthe a long-temps
éclipsé, sinon pour l'Allemagne, au moins pour
l'étranger, son mérite scientifique. En saluant en
lui, dès la fin du XVIII° siècle, et avec une admiration presque égale à celle de l'Allemagne elle-
même, le plus illustre *représentant de la littérature
germanique tout entière*, l'Europe, et la France
en particulier, a tenu, jusqu'il y a dix ans, ses
travaux d'anatomie philosophique dans un oubli
presque complet. En 1820, et plus tard encore,
les biographes et les critiques français se taisaient
encore entièrement sur eux, ou bien, pour faire
sentir l'universalité des connaissances du poète
de Weimar, se bornaient à remarquer qu'il était
aussi, comme Voltaire, auteur de quelques écrits
scientifiques ; et par-là, on croyait presque faire
preuve d'une érudition allemande, qui d'ailleurs
ne s'étendait jamais jusqu'à la connaissance directe et encore bien moins à l'appréciation de
ces écrits. En 1830 même, quoique trois ans auparavant justice eût été rendue par M. de Candolle aux travaux botaniques de Goëthe, son

intervention dans une discussion célèbre élevée
au sein de cette Académie étonna encore comme
un événement imprévu et presque singulier.
Enfin, aujourd'hui, beaucoup de personnes
instruites ignorent encore si Goëthe s'est borné
à revêtir des couleurs de son admirable style et
à propager des idées déja existantes dans la
science, ou s'il a prétendu à la gloire plus
brillante de l'inventeur; et les naturalistes eux-
mêmes hésitent à reconnaître pour l'un des leurs
celui qu'ils se sont accoutumés depuis si long-
temps à admirer comme poète dramatique,
comme romancier, et comme même chansonnier.

Cette hésitation, quoique Goëthe ait paru
quelquefois en être blessé, me semble elle-même
glorieuse pour lui. Elle marque, aussi bien que
pourrait le faire une longue et minutieuse analyse, et, pour ainsi dire, mesure toute la distance qui sépare les œuvres poétiques et souvent
fantastiques qui ont rendu le nom de Goëthe
populaire dans toute l'Europe, de ces recherches
positives, de ces déductions rationnelles qui
seules peuvent être reconnues et admises par la
prudente sévérité de la science. Plus cette dis-

tance est immense et peut sembler infranchissable, plus on a de peine à concevoir que la même main, qui a écrit *Werther* et *Hermann*, *Faust* et *Egmont*, ait pu tenir habilement le scalpel de l'anatomiste, et plus il est admirable de voir ce prodige accompli par la plus rare alliance de qualités intellectuelles ordinairement exclues l'une par l'autre.

Pour essayer de détruire enfin ces opinions préconçues qui ont refusé si long-temps et contestent encore à Goëthe le titre de naturaliste, la simple indication de quelques faits, tous authentiques et empruntés à Goëthe lui-même, la citation de quelques dates, sont les meilleurs et les plus courts arguments que je puisse invoquer. Et ici, l'intérêt qu'offre pour l'histoire de la science l'appréciation des travaux d'un homme tel que Goëthe, et la grandeur exceptionnelle de ce nom, me serviraient sans doute d'excuses aux yeux de l'Académie, si quelques-uns des courts détails qui vont suivre lui paraissaient sortir du cercle de ses occupations habituelles.

Le goût prononcé de Goëthe pour l'histoire naturelle, depuis son adolescence jusque dans

son extrême vieillesse, est attesté par une multitude de témoignages. Enfant, Goëthe, presque à
son insu, nourrissait déja son esprit des premières
notions de cette science, en visitant et rangeant
une petite collection possédée par son père [1].
Jeune homme, il suivait avec ardeur les enseignements scientifiques des principaux professeurs de cette époque : au point que, venu, vers
1770, à Strasbourg, pour y prendre le bonnet
de docteur en droit, il se décida promptement
à n'apprendre de jurisprudence que ce qui lui
était nécessaire pour ses examens, et se livra avec
ardeur à l'étude de la chimie, de l'anatomie, de
la médecine et de l'art lui-même des accouche-
ments : le chimiste Spielmann et l'anatomiste
Lobstein le comptèrent alors au nombre de leurs
élèves les plus assidus [2]. Un peu plus tard, rentré en Allemagne, il passe, de ces premières notions élémentaires, à une investigation plus profonde des phénomènes naturels. Il fait, avec de
jeunes amis, des courses géologiques et surtout

---

[1] *Mémoires* de Goëthe.
[2] *Mémoires* de Goëthe.

des herborisations, tour-à-tour observant les faits, en cherchant les conséquences, et surtout réfléchissant profondément sur la détermination des organes des végétaux. A cette époque, dans laquelle il se qualifie modestement d'*écolier auto-didactique* [1], les trois noms qui *agissaient le plus sur son esprit*, étaient, lui-même le dit [2], Shakespeare, Spinosa et Linné; trois grands noms dont l'association dans la pensée de Goëthe exprime admirablement l'ardeur juvénile de ce génie, hésitant encore entre la poésie, la philosophie et la science, ou plutôt concevant déja la pensée de se conquérir dans l'avenir une triple gloire. Dans les années suivantes, en Allemagne, et ensuite en Italie, Goëthe poursuit son plan de travaux scientifiques en même temps que littéraires. En 1780, en particulier, sous la direction du professeur Loder dont il devient l'élève le plus assidu et l'ami, il achève de se faire ana-

---

[1] Voyez, dans la *Traduction de M. Martins*, page 200, l'histoire que Goëthe donne lui-même de ses travaux botaniques.

[2] *Ibid.*, page 203.

tomiste, et déjà même peu satisfait de la science de son temps, il essaie d'en franchir les limites en se créant des méthodes nouvelles. Tel était alors son désir de s'instruire, et cet exemple seul montrerait par quelles études solides et positives Goëthe a préludé à ses publications scientifiques ; tel était son zèle pour l'anatomie qu'il fit, de cette même main qui déjà avait écrit *Goetz* et *Werther*, un grand nombre de préparations ostéologiques, destinées à enrichir le musée d'Iéna, en même temps qu'à lui fournir pour lui-même des matériaux et des moyens de vérification (1).

Ce fut en 1786 que fut composé (mais non publié), le premier Mémoire zootomique de Goëthe ; et dès-lors, jusqu'à la fin du XVIIIᵉ siècle, de nouvelles publications, toujours dirigées suivant les mêmes idées se succèdent à des intervalles assez rapprochés. Ainsi trois Mémoires ou articles appartiennent aux années 1793, 1795 et 1796. Après eux, nous trouvons

____

1 Voyez l'*Histoire des travaux anatomiques de l'auteur*, traduction de M. Martins, page 96

il est vrai une lacune. En laissant de côté la traduction faite en 1803, de l'ouvrage du célèbre
Benvenuto Cellini, bien que ce grand artiste y
ait placé plusieurs chapitres d'anatomie pitto-
resque, et que Goëthe se soit sans nul doute
complu dans leur étude; en omettant aussi une
note assez courte faite en 1807, les travaux
zootomiques de Goëthe ne recommencent avec
activité qu'en 1819 : mais aussi, après cette année, trouvons-nous à peine quelque interrup-
tion un peu longue, comme le montre la série des
années 1820, 1822, 1823, 1824, 1830 et 1832,
toutes marquées par la publication d'un ou de
deux articles zootomiques de Goëthe. Ces Mémoires ou notices, dont le nombre est de quatorze,
ont paru pour la plupart, et ce n'est pas la moindre preuve du zèle actif et persévérant de leur
auteur pour la science, dans un Journal d'histoire naturelle, fondé et dirigé par Goëthe lui-
même [1].

----

[1] *Zur Naturwissenschaft überhaupt, besonders zur
Morphologie,* Stuttgard et Tubingue, 4 volumes, 1817
à 1823.

En outre, et sans parler ici de ses Mémoires
non moins nombreux sur la physiologie végé-
tale, de ses notices géologiques sur plusieurs contrées de l'Allemagne, et surtout de son ouvrage
sur l'optique et les couleurs, qui restent tout-à-
fait en dehors de mon examen, on doit à la jeunesse de Goëthe plusieurs autres travaux zootomiques que l'auteur n'a point lui-même mis au
jour, mais qui, communiqués par lui à divers
anatomistes allemands, et honorablement cités
par eux, sont un peu plus tard entrés dans la
science. Il en est ainsi, par exemple, des recherches de Goëthe sur le crâne des mammifères
dont les résultats publiés en partie par Loder, et
Sœmmering ont surtout contribué à fixer l'attention des anatomistes sur une pièce tour-à-tour
appelée os transversal, pariétal impair, épactal,
os de Goëthe (*os gœthianum*) et interpariétal.

En présence de faits qui attestent des études
préliminaires, solides, pratiques et poursuivies
avec persévérance pendant quinze années ; en
présence de travaux aussi nombreux et conti-
nués par l'auteur presque jusque sur son lit de

mort [1], les droits de Goëthe au titre de naturaliste ne sauraient être un instant douteux. Assurément, si l'homme qui a fait tout cela n'eût pas été en même temps l'un des plus grands poètes, le plus grand peut-être de l'Allemagne, l'idée ne fût venue à personne de n'attribuer à Goëthe que des vues poétiques sur la nature, ou bien, selon les expressions employées par lui-même pour caractériser quelques pensées jetées dans ses premiers ouvrages littéraires, *des désirs de connaître qui s'évaporaient en vagues et inutiles contemplations.* Et surtout, si la vie de Goëthe, cette vie dans toutes les phases de laquelle la science a eu une si belle part, eût été plus complètement connue, nul n'eût jamais admis cette erreur, encore partagée par plusieurs, que les travaux scientifiques de Goëthe se réduisent à quelques brillants essais de jeune homme et à quelques réminiscences de vieil-

----

[1] Le second des articles consacrés par Goëthe à la célèbre discussion de 1830, a été composé très peu de temps avant la mort de ce grand homme : c'est le dernier écrit qui soit sorti de ses mains.

lard. Toutes ces opinions préconçues, que j'avoue avoir conservées très long-temps, et qui ne sont tombées que devant un examen approfondi des faits, sont nées du sentiment, exagéré peut-être, que nous avons tous, sans même y avoir spécialement réfléchi, sur l'immense différence des conditions psychologiques qui tendent à constituer le poète et le naturaliste, et des facultés par lesquelles l'un s'élance hardiment vers l'idéal, tandis que l'autre fixe ses sens et sa pensée sur le monde réel et sur les faits positifs, sans cependant qu'il lui soit interdit de s'élever parfois et, pour ainsi dire, de planer à une grande hauteur au-dessus d'eux pour en contempler l'ensemble.

J'essaierai maintenant de donner une idée de la direction et des résultats des travaux zootomiques de Goëthe. Ici, à la difficulté de parler dignement de Goëthe, de ce génie à l'égard duquel, selon une célèbre expression, l'examen n'est même pas permis; à cette difficulté, si grande pour tous, s'ajoute encore pour moi celle d'analyser des travaux qui offrent, avec ceux de mon père, une analogie frappante, et parfois même une identité complète. L'un en Allemagne, l'autre en France, n'ont cessé de marcher parallèlement, et souvent de front, sans le savoir, et même, comme on le verra, sans qu'il leur fût possible de le savoir, vers une semblable rénovation de l'anatomie comparée.

Il est donc ici, on le sentira facilement, plusieurs questions que je ne puis aborder, au moins dans un moment où j'ai l'honneur de parler comme rapporteur de l'Académie ; et je me serais même entièrement abstenu, si, pour ce qui concerne Goëthe en particulier, de hautes convenances ne m'imposaient le devoir de présenter ici de simples remarques historiques bien plutôt que d'émettre un jugement scientifique sur des travaux signés d'un aussi grand nom. Cette similitude, et pour ainsi dire ce parallélisme des idées de Goëthe et de celles de mon père va d'ailleurs, à quelques égards, simplifier et abréger ma tache, puisqu'il s'agira pour moi, non d'exposer des vues particulières à Goëthe, plus ou moins complétement nouvelles pour nos esprits, et par suite inintelligibles sans de longs développements, mais seulement de faire connaître la pensée de Goëthe sur des questions souvent controversées dans le sein même de l'Académie.

L'illustre auteur de *l'Allemagne*, cherchant à apprécier Goëthe sous le rapport littéraire, a dit : « Quand il s'agit de penser, rien ne l'arrête, « ni son siècle, ni ses habitudes, ni ses rela- « tions. » Tel est aussi Goëthe sous le rapport scientifique. Pour me restreindre ici à ses travaux zootomiques, dès ses premières études sur l'organisation, il repousse loin de lui le joug d'opinions que l'assentiment unanime des auteurs et la parole si respectée de ses maîtres tendaient également à lui imposer : opinions dont la puissance était cependant telle qu'aujourd'hui même, après un demi siècle et plus, une partie d'entre elles règnent encore souveraines dans plus d'une école de haut enseignement. Ce qui, au premier abord, blesse surtout cet esprit ami de la simplicité et de l'unité, c'est la diversité bizarre et contradictoire de toutes ces nomenclatures anatomiques, vétérinaires et autres, encore *imposant des noms différents à des organes analogues* [1] , et scindant ainsi la science en parties presque étrangères les unes aux autres ; c'est aussi l'arbitraire et l'empirisme aveugle qui président à la détermination et à la description des diverses parties de l'être, par exemple, à celles des divers os de la tête humaine telle qu'elle était alors considérée [2], et je puis ajouter, telle qu'elle l'est encore le plus souvent, par les anthropotomistes ; c'est enfin le partage de presque tous les naturalistes d'alors en deux classes, les uns *s'attachant servilement au fait matériel* [3], les autres recourant sans cesse *aux causes finales,* et par-là, dit Goëthe, *s'éloignant de plus en plus de l'idée vraie d'un être vivant.*

Après avoir fait ces critiques et dressé cette sorte d'acte d'accusation contre l'état de la science vers la fin du XVIIIe siècle, Goëthe cherche comment une voie nouvelle et meilleure pourrait être ouverte aux investigations des auteurs ; et aussitôt il signale deux progrès

---

[1] *Voyez,* dans la traduction de **M. Martins,** page 24 et 65.

[2] *Id.,* p. 44.

[3] *Voyez,* dans la traduction de **M. Martins,** page 24.

à accomplir. L'un, et celui-ci est aujourd'hui si bien consacré, au moins en principe, qu'il est nécessaire de mettre à côté de ces idées leurs dates, 1786, 1795, 1796 : c'est l'intime fusion de l'anatomie humaine et de l'anatomie comparée. *La dissection des animaux*, dit-il dans un passage dont M. Martins a fidèlement rendu le sens général, mais que je préfère traduire ici plus littéralement, *doit toujours être à côté de celle de l'homme* [1]. Le second progrès, par lequel seul, suivant Goëthe, peut être renouvelée ou plutôt fondée l'anatomie comparée, et c'est vers celui-ci que l'auteur a constamment dirigé ses travaux, c'est l'établissement, *autant que possible d'après les fonctions*, d'un *type anatomique* (*anatomischer Typus*), d'un *modèle universel* (*allgemeines Bild*), lequel, dit l'auteur, doit être idéal, et ne saurait exister dans aucun être vivant en particulier, la partie ne pouvant

---

[1] *Erster Entwurf einer allgemeinen Einleitung in die vergleichende Anatomie*, dans le *Zur Morpholohie*, tome I, page 147. la même idée est ensuite reproduite dans les *Vorträge über den Entwurf*, etc., *ibid.*, p. 261 et 262. Voyez la traduction de M. Martins, page 23 et 63.

être l'image du tout [1]. La pensée de Goëthe,
enveloppée ici dans des expressions très abstraites, est mise heureusement dans tout son
jour par d'autres passages, éclairée par la discussion de plusieurs cas particuliers donnés
comme exemples, et jusqu'à un certain point com-
plétée par l'indication des deux faits généraux
que mon père a nommés *principe du balancement*
des organes et *principe des connexions;* tant ces
trois idées générales sont intimement liées entre
elles, et tant l'esprit qui a conçu l'une se trouve
invinciblement entraîné vers les deux autres
par ses méditations ultérieures. Voici le passage
très explicite dans lequel Goëthe indique le
principe du balancement des organes, et les lignes moins précises dans lesquelles il énonce
son opinion sur la fixité des connexions : « Il
« existe, dit-il, une loi en vertu de laquelle une
« partie ne saurait augmenter de volume qu'aux
« dépens d'une autre, *et vice versâ.* Telles sont
« les barrières dans l'enceinte desquelles la force

---

[1] *Erster Entwurf,* etc. *loc. cit.,* page 150; traduction
de M. Martins, page 26.

« plastique se joue de la manière la plus bizarre
« et la plus arbitraire, sans pouvoir jamais les
« dépasser; cette force plastique règne en sou-
« veraine dans ces limites peu étendues, mais
« suffisantes à son développement. Le total gé-
« néral, au budget de la nature, est fixé; mais
« elle est libre d'affecter les sommes partielles
« à telle dépense qu'il lui plaît [1]. » L'autre principe est ainsi exprimé : « L'ostéogénie est con-
« stante en ce qu'un même os *est toujours à la
« même place* et a la même destination [2]. » Et
ailleurs, presque dans les mêmes termes : « Ce
« qui est constant, *c'est la place qu'un os occupe
« dans l'économie*, et le rôle qu'il y joue [3]. »

Tous ces passages, que leur intérêt pour l'histoire de la science me commandait de citer
textuellement, sont extraits de deux Mémoires
étendus, les plus importants peut-être que l'auteur ait composés, et cependant modestement
intitulés par lui : *Plan d'une introduction géné-*

---

[1] Traduction de M. Martins, page 30.
[2] *Ibid.*, page 41.
[3] *Ibid.*, page 49.

rale à l'anatomie comparée, basée sur l'ostéologie.
Je serai ici doublement juste en remarquant
qu'ils ont été achevés, l'un en 1795, l'autre en
1796, comme le prouve leur communication
dès-lors faite à plusieurs des sommités scientifiques de l'Allemagne, à Camper, à Loder, à
Sœmmering, à Blumenbach, à notre illustre
confrère M. de Humboldt; mais ils n'ont été
publiés que beaucoup plus tard, en 1820.
« Pour l'histoire de la science, dit M. Martins
« après avoir cité ces dates dans sa préface[1], il
« est intéressant de constater que les créateurs
« de l'anatomie philosophique en France ne
« pouvaient avoir aucune connaissance des tra-
« vaux (restés inédits) du poète allemand, et que
« cette grande idée a été conçue en même temps
« et à la même époque chez les deux nations. »
Dans un autre ordre de considérations dont
la liaison est d'ailleurs évidente avec celles qui
précèdent, Goëthe, de même encore que mon
père, et de même aussi que Buffon et Lamarck,

---

[1] Traduction de M. Martins, page v.

repousse fortement les abus de la philosophie des causes finales, et admet l'action des *modificateurs ambiants sur l'organisme; d'où résultent*, ajoute-t-il, *sa perfection intérieure et l'harmonie que présente son extérieur avec le monde objectif*[1]. Cette idée, simplement jetée en ces termes au milieu du Mémoire de 1795, est reprise et développée en 1822 par Goëthe, dans une note écrite à l'occasion de divers débris fossiles de taureaux, découverts en 1819 et 1820, dans le Wurtemberg. Là, Goëthe cite en entier, déclare approuver complétement, et appuie de quelques remarques nouvelles un passage du docteur Koerte, destiné à expliquer comment les formes crâniennes du taureau fossile ont pu se modifier peu à peu, et donner lieu finalement aux formes que nous apercevons aujourd'hui dans diverses races vivantes.

Enfin, si étroites que soient les limites entre lesquelles je dois resserrer cette analyse, je citerai encore le Mémoire, écrit en 1793, dans lequel l'auteur, en faisant quelques emprunts au

---

[1] Traduction, page 30.

système de Kant, traite *de l'expérience consi-dérée comme médiatrice entre l'objet et le sujet.*
Dans ce travail, que le traducteur a placé comme une excellente introduction à la tête de l'ouvrage tout entier, Goëthe insiste sur la nécessité de composer la science, non pas seulement d'observations isolées et de vues très générales, mais aussi de vérités d'un ordre intermédiaire; *d'aller de proche en proche, et de tirer les conséquences les unes des autres* [1]. « Cette méthode prudente, dit-il, nous vient des mathématiciens ; « et quoique nous ne fassions pas usage de calculs, nous devons toujours procéder comme si « nous avions à rendre compte de nos travaux en « géomètre sévère. » On peut juger, par cette phrase si Goëthe, dans la science encore croyait devoir rester poète et se laisser aller à toutes les inspirations de sa brillante imagination.

Je craindrais d'abuser des moments de l'Académie si, de l'analyse des idées générales de Goëthe, je passais à l'indication des nombreuses applications qu'il en a faites à diverses ques-

---

[1] Traduction, page 12.

tions particulières. Il en est deux, toutefois, que je ne puis omettre entièrement, ne fût-ce qu'à cause de l'importance très grande qu'attachait Goëthe, et que les zootomistes les plus distingués de l'Allemagne attachent encore à l'une et à l'autre.

Si l'on en croit les témoignages de Bojanus, de Carus, de plusieurs autres encore, et la déclaration formelle de Goëthe lui-même, il aurait le premier abordé une question très importante et surtout très difficile, à la solution de laquelle se rattachent, à des titres divers, les noms de trois membres de cette Académie : M. Duméril, en 1808 ; M. de Blainville, en 1816 ; mon père en 1824. Cette question est celle de la composition vertébrale de la tête. Goëthe se promenait, en 1791, dans le cimetière des Juifs, au Lido, lorsqu'à la vue d'un crâne de mouton gîsant sur le sol, il conçut tout-à-coup la pensée que la tête résulte de l'union de plusieurs vertèbres modifiées dans leurs formes et leurs dimensions. Malheureusement pour l'anatomie philosophique qui eût fait dès-lors peut-être un pas important, Goëthe s'en tint à ce vague pressentiment, ou s'il entreprit quelques travaux, il ne les livra pas à la publicité. Ce fut seulement en 1820, douze ans après que la découverte qu'il avait été sur le point de faire fut entrée dans la science par les travaux presque simultanés d'Oken et de M. Duméril ; ce fut même après les recherches de plusieurs autres zootomistes, que Goëthe reprit enfin les idées conçues par lui si anciennement. Le système dans lequel il les coordonna alors ne s'accorde entièrement avec celui d'aucun autre auteur ; mais les détails seuls varient et le fond des idées est exactement le même. Il est donc impossible de considérer, avec Carus et sur-tout Bojanus, Goëthe comme l'auteur d'une découverte qu'il a seulement entrevue : toutefois, la conception seule, si incomplète qu'on la suppose, d'une vérité aussi difficile à démontrer, méritera d'être citée dans la science comme un remarquable exemple de la puissance d'invention et de la force synthétique de son auteur.

L'existence de l'intermaxillaire humain est une question d'une moindre importance, mais à la solution de laquelle Goëthe a pris une beau-

coup plus grande part. Plusieurs anatomistes,
Vésale, Winslow, Albinus, Nerbitt, avaient
depuis long-temps remarqué, sur quelques crâ-
nes, la séparation de la portion de la mâchoire
supérieure qui porte les incisives; mais ces cas
particuliers avaient été négligés, et Camper,
en cela suivi par Blumenbach, plaçait même au
rang des caractères distinctifs de l'homme par
rapport aux singes, l'absence d'un intermaxillaire distinct. Goëthe, alors au début de ses recherches, apercevant une contradiction entre
l'existence de cet os dans les singes et son absence
chez l'homme, qui a cependant le même nombre
d'incisives semblablement disposées, chercha et
trouva l'intermaxillaire humain : ce fut là, dit
Sœmmering, son essai plein de génie. Cette découverte, dont l'intérêt ne nous frappe plus autant aujourd'hui, n'était alors, en effet, ni sans
importance ni sans quelque difficulté, témoin
la vive opposition qu'elle éprouva, dès le premier moment, en Allemagne, de la part de l'illustre Camper, et qui se continua long-temps
encore après lui : il fallut, remarque quelque
part Goëthe, quarante ans pour faire admettre

de tous un aussi petit fait! La découverte de
Goëthe est de 1786; et la même année, Vicq-
d'Azyr indiquait en France l'intermaxillaire humain, dans un passage très remarquable, bien
que non encore cité, de l'un de ses discours généraux sur l'anatomie; passage dans lequel l'u-
nité de type se trouve aussi nettement formu-
lée [1]. Vicq – d'Azyr a ainsi la priorité de publication sur Goëthe dont le Mémoire ne fut connu
que l'année suivante, en 1787, par les citations
de Loder [2], et beaucoup plus tard, en 1817,

---

[1] « La nature, y est-il dit, semble opérer toujours
« d'après un modèle primitif et général dont elle ne s'é-
« carte qu'à regret, et dont on rencontre partout des
« traces. » C'est en énumérant quelques exemples à
l'appui de cette proposition que Vicq-d'Azyr ajoute :
« Peut-on s'y refuser enfin en comparant les os maxil-
« laires antérieurs que j'appelle incisifs dans les quadru-
« pèdes, avec cette portion osseuse qui soutient les dents
« incisives supérieures dans l'homme, où elle est séparée
« de l'os maxillaire par une petite fêlure très remar-
« quable dans le fœtus, à peine visible dans les adultes.
« et dont personne n'avait connu l'usage? » *Voyez
Traité d'Anatomie*, in-folio, page 9, ou *OEuvres*, tome IV,
page 26.

[2] Voyez son *Manuel anatomique*, page 89.

par son insertion intégrale dans le *Zur Morphologie* [1]. C'est un exemple à ajouter à tant d'autres infiniment plus remarquables de ces découvertes simultanément faites en des lieux différents et quelquefois par des esprits de genres
divers, et qui ont si souvent donné lieu à des
accusations de plagiat, quand il s'en présentait
une explication si simple et si honorable pour
tous dans les rapports de filiation de ces découvertes avec les acquisitions antérieures de la
science.

J'ai dû rechercher pourquoi les travaux de
Goëthe sur l'intermaxillaire, et tant d'autres,
sont restés inédits pendant plusieurs années, et
ont été privés ainsi par leur auteur de leur juste
influence sur la marche de l'anatomie philosophique. J'ai trouvé nettement exprimées, dans
plusieurs passages de ses ouvrages, deux raisons
de ces longs retards, également préjudiciables
à la science et à la gloire scientifique de Goëthe.

---

[1] Tome I, page 201.—On le trouve aussi, réimprimé
et complété par de nombreux dessins, dans les *Nova
Acta Naturæ Curiosorum*, tome I.

L'une est le découragement qu'il éprouva trop souvent en se voyant incompris par des hommes qu'il supposait ses juges naturels ; par exemple, lorsqu'il soumit son Mémoire sur l'intermaxillaire au plus vénéré de ses maîtres, à Camper, et qu'il en reçut, pour toute réponse, des éloges *sur le format et l'écriture* de son manuscrit. L'autre, et assurément notre amour pour la science n'est pas assez exclusif pour aller jusqu'à regretter celle-ci, est l'entraînement passionné qui le porta de nouveau vers la poésie, lorsque ses liaisons avec Schiller vinrent, suivant son expression, l'arracher *de son ossuaire scientifique.* La publication du journal *Les Heures,* la composition d'*Hermann*, d'*Achilléis*, vinrent alors l'occuper pendant quelques années ; et la *moisissure,* comme il le dit lui-même, *envahit ses préparations anatomiques.* C'est dans ce sens, mais dans ce sens seulement, qu'il pourrait être vrai de dire que le grand poète a empêché, dans Goëthe, le grand naturaliste : les matériaux étaient prêts, le plan était tracé, le temps seul a manqué pour construire.

Les divers travaux de Goëthe, dont j'ai es-

sayé de donner l'analyse, n'avaient point encore
été réunis tous en un corps d'ouvrage : disséminés dans plusieurs recueils, il était assez difficile
de les y trouver, et de suivre, par leur comparaison, la filiation des idées qui s'y trouvent con-
tenues ; sujet si intéressant d'études lorsqu'il
s'agit d'un homme tel que Goëthe ! J'ai vu pour
ma part, avec une satisfaction que l'Académie
partagera sans doute, la France précéder l'Allemagne dans le soin de recueillir et de coordonner
ces documents épars, si précieux pour l'histoire
de la science. Les Allemands nous ont reproché
quelquefois d'ignorer et de méconnaître les travaux zootomiques de Goëthe : c'est un reproche
dont la traduction de M. Martins nous justifie
pleinement, au moins pour l'avenir. Elle est en
effet claire, élégante, fidèle, enrichie de notes
instructives, et telle, j'oserai le dire, que Goëthe n'eût pu manquer d'en approuver et d'en
voir avec plaisir la publication. Obligé d'exprimer ici toute ma pensée, j'ajouterai toutefois
qu'il est quelques passages dont j'eusse désiré
une traduction, non pas plus fidèle, car le sens
est toujours exact, mais plus littérale : pour ma

part, et peut-être cette opinion personnelle de votre rapporteur n'aura-t-elle d'autre partisan que lui, la reproduction de la pensée de Goëthe, avec les formes mêmes dans lesquelles elle a été conçue, ne m'eût pas paru achetée trop cher au prix même de quelques germanismes.

M. le docteur Martins était déja connu par plusieurs Mémoires originaux, justement estimés : par son excellente traduction des Œuvres d'histoire naturelle de Goëthe, il me paraît ne pas avoir moins bien mérité d'une science qu'il s'apprête, en ce moment même, à servir plus activement encore par un voyage dans les régions arctiques.

Rédigé par ISIDORE GEOFFROY SAINT-HILAIRE.

DEUXIEME ANNOTATION.

DU SENTIMENT

BUFFONIEN,

Que les êtres de la vieille nature auront été amenés,
par un lent refroidissement du globe, à une diminution de volume graduelle et insensible et à d'autres
données de puissance physiologique; changements
attestés par la découverte et les révélations de leurs
débris et ossements fossiles [1].

Je n'aurais hasardé, en septembre 1837, au
sujet des produits de terrains oolitiques des en-

---

[1] Note au sujet du crocodilien fossile nouvellement
découvert dans le terrain de la Maladrerie, aux environs
de Caen, page 85.

virons de Caen, qu'une improvisation injustifia-
ble conformément aux progrès et au caractère
actuel de la science, s'il m'eût fallu ne demeurer informé et renseigné que par les seules révélations des livres publiés, entre autres par ceux
connus sous le nom de *Recherches sur les ossements fossiles*. Aucun de ces sentiments buffo-
niens n'existe encore, pas même en thèse tout au
plus pressentie, comme on le trouve dans les
écrits du prince des naturalistes. Ce n'est pas qu'il
faille en adresser un reproche au plus célèbre
zoologiste et géologue de nos jours, sur la matière. La science ne s'avançait point, de son
temps, dans cette direction; mais lui, de plus,
tenait à gloire de ne pas s'y engager : c'était
système très arrêté chez G. Cuvier de ne point
dépasser les limites des faits matériellement ob-
servables, en sorte qu'il s'était avec réflexion
interdit de lier toutes les sortes de créations
des âges antédiluviens à la création actuelle.
Les débris des temps antiques, que voyaient
ses yeux et que touchaient ses mains, l'intéres-
saient uniquement.

Ainsi les questions philosophiques, qui s'élè-

vent aujourd'hui concernant les révolutions du
globe, dont il restait peu ou point de traces durant
les âges humanitaires, étaient demeurées étrangères à notre savant zoologiste, lui qui n'était
et ne voulait être à leur sujet qu'observateur au
profit de la zoologie. Ces questions du moins
ne le préoccupaient pas essentiellement, si bien
que ce n'était qu'abusivement et en agissant
contre son gré, qu'en donnant ses descriptions
comparatives des ossements de la vieille nature
et des formations actuelles, il lui échappait des
conclusions abstraites et d'un caractère de généralisation. L'extrême réserve de Cuvier à ce
sujet ne fut point respectée et imitée de ses
biographes, qui, profitant des nouvelles acquisitions de la science, les lui attribuaient, et le
louaient avec une imprudence vraiment fatale
sur ce qu'il n'avait fait, ni voulu faire. Ceux-ci,
ne mesurant point la portée de leurs réflexions,
pour accroître la dose de l'éloge, prenaient au
sérieux, et tenaient comme frappés d'un *caractère absolu* les chiffres qui signalaient les degrés
d'intervalle de ses divisions classiques : là où
n'était le plus souvent qu'un moyen de rédiger

avec clarté l'histoire d'animaux posés en description, ce qui dans ce cas était apprécié avec
une sagacité admirable ,ces imprudents biographes affirmaient que G. Cuvier donnait chaque
fois et alors le développement d'une pensée profondément réfléchie et largement puisée aux
sources qui ont enfanté aujourd'hui le savoir du
XIXe siècle.

Où se fit le plus grand abus de ces louanges
excessives, la plupart fausses et par conséquent
outrageantes pour l'intéressé, en ce qu'elles pro-
voquaient des contradictions et de vives réactions au jour d'un jugement définitif, ce fut
dans un discours prononcé solennellement le
29 décembre 1834. Déja Goëthe venait, en 1830,
de porter échec à la grande figure de nos jours,
quand il s'institua le juge des débats d'alors
à Paris, et qu'il devint le champion, défenseur
au profit de la gloire française, de ces deux
principes : *l'unité de composition organique, et
la mutation indéfinie des formes des êtres vivants.*

Louer G. Cuvier dans ces circonstances et
en 1834 sur des succès dans la marche de ses
idées contredites par le génie allemand, le louer

en lui sacrifiant avec une légèreté indicible les
grands philosophes du siècle précédent, Linné
et Buffon, lesquels, disait-on, et *tous deux et pour
la même cause, avaient manqué leur but projeté ;*
lui appliquer le magnifique éloge imaginé pour
Leibnitz, « qu'il y avait en ce grand homme
« une si vaste intelligence qu'il fallait la parta-
« ger, la décomposer, parcequ'il ne menait point
« seulement de front toutes les sciences, mais
« qu'il savait de plus faire profiter ses lumières
« aux institutions les plus élevées de l'Etat, »
c'était, voilà ma pensée du moins, c'était travailler a la déconsidération de notre dernier,
habile et très savant chef d'école.

Ces réflexions m'ont été suggérées pour qu'on
ne croie point qu'en ayant introduit dans la
Notice de notre grand philosophe, page 86,
le sentiment des vues buffoniennes sur la marche
de l'animalité à travers les âges, je m'étais vraiment permis une improvisation de propos dé-
libéré, et pour l'étonnement d'un enfant qui
m'accompagnait. J'ai voulu présenter dans cette
occasion un rapprochement de faits, qui seront
médités plus sérieusement un jour à venir.

TROISIEME ANNOTATION.

VIEILLESSE OUTRAGÉE.

Il manquait à la gloire de Buffon d'éprouver aussi des injustices. Ces dettes, que le génie a toujours payées, n'ont pas fait défaut à sa vieillesse, frappée au sein de ses plus glorieux services : et Buffon a subi avec résignation le coup de la loi commune. L'intrigue et la cupidité ayant consommé l'iniquité, dont sa vive susceptibilité fut si cruellement offensée, sa grande ame se calma, et le temps l'amena à paraître satisfait des consolations et de l'indemnité qui lui furent offertes. C'était son fils unique,

frappé dans son avenir, qui venait d'être renver-
sé. Buffon le réservait à devenir son successeur ;
car quand les voyages et une forte instruction l'en
auraient rendu digne, le père ferait désigner et
nommer ce fils bien aimé son survivancier. Mais
beaucoup avant, on avait fait diligence ; il n'était
déjà plus temps. Un sieur Labillarderie, sans
droits ni esprit, succéda à l'administration de
ce riche domaine, étincelant par les éclatants
mérites et le haut savoir de notre immortel naturaliste [1].

Bossuet accablé sous une oppression semblable, se retirait à Rome plutôt que de céder
à un acte ministériel qui lui faisait exhaler
cette plainte : *J'ai le cœur percé.* Mais il régnait
alors un prince qui fit fléchir son ministre, et
le grand prélat fut conservé à la France, dont il
était l'une des plus belles gloires.

J'eus aussi le *cœur percé,* et à me faire préférer
l'exil à l'étranger, plutôt qu'à succomber sous les
douleurs de ma susceptibilité. Une maladie grave
me retint en France. J'ai failli périr ; mais du-

---

[1] Voyez la notice précédente, page 92.

rant la lutte du mal et de ma faible constitution, ma susceptibilité s'est à peu près aussi lassée et épuisée.

La ménagerie qui fut créée dans le Muséum d'histoire naturelle, six mois après que j'y eus été admis comme successeur de Lacépède, fut l'œuvre de mes soins et le produit de mon activité et de mes ressources personnelles : voilà ce dont je n'étais jamais venu me vanter à personne et ce que chacun des employés et le ministère lui-même ignoraient entièrement. J'eus douze ans consécutifs l'obligation d'administrer *seul* et de supporter ce lourd fardeau : et comme il fallait aussi mener de front mes autres et nombreuses occupations comme professeur, l'on vit que je succombais sous le faix ; et l'on m'accorda, à titre de rémunération, que je serais aidé par un adjoint qui veillerait sur les détails. Je dus le choisir, le former, et je donnai la préférence au frère de mon illustre collègue et ami ; car cet ami m'était et me fut toujours cher. Cependant le lieutenant qu'ainsi j'avais si gracieusement appelé à me seconder fut pris d'ambition. Avec le temps et son savoir-faire il imagina le même système d'envahissement exposé dans la fable de *la Lice et sa compagne*. Ce n'était point il est vrai ce coup d'audace qu'entendait recommander notre bon et vertueux moraliste, quand il dit :

> Pour tirer d'eux ce qu'on leur prête.
> Il faut que l'on en vienne aux coups :
> Il faut plaider, il faut combattre.

Sans plaider ni combattre, je fus habilement dépossédé de la moitié de ma position sociale, emploi que j'avais acquis à la suite de 45 ans de travaux incessants, utiles et très pénibles. Pourquoi? On me le laisse ignorer; l'administration locale, dit qu'elle a agi sur les insinuations du ministre dont elle relève, et le ministre n'aurait jamais eu dans l'esprit une telle idée d'oppression et d'inconvenance. Or je tiens cette déclaration du ministre lui-même, notre juge suprême, auprès duquel il m'a fallu aller *plaider* tardivement et après ma subite et si injuste dépossession.

On se dit aujourd'hui que c'est une méprise; mais personne ne songe à la réparer, encore moins (et c'est aisé à comprendre) mon trop habile spoliateur.

On viola les lois en ce qui concernait mes at-
tributions, et, par conséquent, l'on a créé un précédent, lequel tôt ou tard sera funeste à l'ordre
et à la bonne harmonie de l'établissement. J'ai
réclamé une mesure réparatrice; mais j'ai été
renvoyé de Caïphe à Pilate. C'était cependant
un grade que j'avais acquis en récompense de
mes services passés. Réfléchissons : mais nous
vivons sous un régime d'équité et de nécessité
sociale, qui ne permet point, même au Roi, de
faire rétrograder quiconque s'est élevé légale-
ment; car le chef de l'État confère le bienfait
de l'avancement, et laisse à l'inflexibilité de la
loi le devoir et le soin d'une dégradation nécessaire quand elle est encourue; mais c'est après
condamnation.

Or, allez demander le pourquoi de la mesure
dont on a usé pour m'affliger et contre laquelle
j'ai inutilement réclamé. On ne saurait répondre
que de la manière dont l'a fait un campagnard
d'Athènes à Aristide, quand celui-là plaçait dans
l'urne un vote de condamnation à l'exil : *On ne
parle que d'Aristide, cela m'ennuie.*

Mais enfin l'on eût bien dû s'arrêter devant la

remarque que c'était moi, qui avais créé, qui avais fondé la Ménagerie à Paris, et qui parvins à y réussir, contrarié par les difficultés les plus grandes. On produit pour raison et l'on réplique que ma modération habituelle n'avait pas fait connaître cette circonstance, et que l'on a bien pu, sans chercher à me *nuire*, accepter l'occasion d'un acte de camaraderie, et ainsi accéder à la sollicitation vive d'un autre collègue.

Enfin, ce qu'il me reste à dire sur cela, c'est qu'il est bien vrai que j'ai créé la Ménagerie du Jardin du Roi. Je trouve ce fait raconté dans une feuille publique par M. *Jean Reynaud*, publiciste célèbre [1] quant aux matières philosophiques. Quand M. J. Reynaud connut ma disgrace inopinée au Muséum d'histoire naturelle, il vint comme mon ami m'apporter ses consolations. J'étais plein des chagrins de ma déchéance, et je lui contai l'histoire de la fondation

---

[1] Rédigeant de concert avec M. Pierre Leroux, autre et non moins profond philosophe, le magnifique ouvrage, L'ENCYCLOPÉDIE NOUVELLE ; *Gosselin et compagnie libraires éditeurs*.

de la Ménagerie. Il trouva mon récit anecdotique : c'était, suivant lui, ignoré de tous et digne cependant d'occuper l'attention publique. Cela l'engagea de propre mouvement à en donner la rédaction suivante. Il ne m'a laissé que le soin de prévenir et d'affirmer que, hors le fond, la couleur bienveillante pour moi de la narration, il n'y a rien en celle-ci que d'exact, de *scrupuleusement vrai*. Je transcris ici ce récit; je m'y plais comme à un événement d'une douce consolation.

⁂

FONDATION

DE LA MÉNAGERIE DU MUSÉUM D'HISTOIRE NATURELLE.

« La Ménagerie du Jardin-des-Plantes est peut-être une des institutions scientifiques les plus populaires et les mieux appréciées par le public, qu'il y ait à Paris. On ne met point le pied à Paris qu'on ne la visite; et ce qui suffirait pour montrer combien est à la fois profond et universel l'intérêt qu'elle inspire, c'est que les étrangers les plus savants y accourent avec le même empressement que

les plus obscurs. Quoi de plus digne en effet de
l'attention de tout le monde que le spectacle de
ces sauvages habitants des contrées les plus loin-
taines, célèbres de tous temps par les descriptions
des naturalistes et des voyageurs, connus seulement
à demi par les récits ou les peintures qu'on en a
faits, et réunis ici, au nom de l'État, dans un riche
jardin, où ils prennent leurs ébats, au sein des
fleurs et de la verdure ! Ne sont-ce point là, dans le
fond, les mêmes fêtes que les Romains donnaient
dans leurs cirques où l'on rassemblait, pour les
y mettre à mort sous les yeux du peuple, les animaux les plus rares ; les mêmes fêtes, dis-je, mais
transformées et mises en harmonie avec l'humanité
et le sage désir de connaître des temps modernes ?
Le sentiment qui amène, chaque dimanche, dans
les allées de la Ménagerie, les flots paisibles de la
population est, dans son essence, tout-à-fait analogue
à celui qui poussait les Romains sur les gradins du
cirque. C'est toujours la même curiosité à l'égard
des animaux qui habitent avec nous la terre. Les
Romains, placés à l'origine des conquêtes de la civilisation sur la nature, prenaient plaisir à voir détruire ces êtres farouches, symbole de la vie sauvage;
placés pour ainsi dire au terme de ces conquêtes,

au lieu de prendre plaisir à ce qui nous rappelle l'a-
néantissement de la nature primitive, nous nous
plaisons au contraire à ce qui nous en offre et
nous en conserve les dernières traces.

« La fondation de la Ménagerie, bien que les détails
en soient généralement ignorés, n'est pas un des épi-
sodes les moins singuliers de la révolution française. Antérieurement à cette époque, sauf quelques
collections fort imparfaites commencées par Buffon
et Daubenton, il n'y avait au Jardin-des-Plantes,
conformément au but primitif de son institution,
que des plantes. On n'y connaissait pas un seul animal vivant. Ce fut un coup de main du procureur-
général de la commune qui devint l'origine de la
Ménagerie. Ce magistrat, considérant que les exhi-
bitions publiques d'animaux vivants ne devaient
point être abandonnées à l'industrie particulière,
attendu que ces ménageries foraines causaient non
seulement encombrement sur les places publiques,
mais pouvaient même, par suite de la négligence des
gardiens à l'égard des bêtes féroces, devenir une
cause de danger pour les citoyens, prit de lui-même
et sans s'être entendu à ce sujet avec personne, un
arrêté portant que les animaux stationnés sur les
places de Paris seraient saisis sans délai par le mi-

nistère des officiers de police, et conduits au Jardin-
des-Plantes, où, après estimation de leur valeur et
indemnité donnée aux propriétaires, on les établi-
rait à demeure. Cependant les professeurs du Jardin-
des-Plantes n'avaient reçu aucun avis. L'arrêté avait
été exécuté aussitôt que signé, et la première nouvelle en fut portée au Jardin par les animaux eux-
mêmes qui, avec leurs gardiens, y affluaient de
toutes parts sous la conduite des commissaires de
police et de la force armée. M. Geoffroy Saint-Hilaire, alors fort jeune, et chargé au Jardin-des-
Plantes de la zoologie et de l'administration des
matériaux zoologiques, était tranquillement occupé dans son cabinet, quand on vint le prévenir
de l'arrivée des étranges visiteurs qui assiégaient
sa porte. La circonstance n'était pas seulement singulière, elle était réellement difficile. Il était évident que le procureur-général de la commune avait
dépassé ses pouvoirs en ordonnant que ces animaux
seraient conduits et nourris au Jardin-des-Plantes;
car le Jardin-des-Plantes relevait de l'État et non
de la commune. Ce n'était pas le tout que de recevoir ces nouveaux hôtes, il fallait les payer et les
nourrir, et sur quels fonds cette dépense se ferait-
elle? Les animaux auraient fort bien pu demeurer

long-temps dans la rue, s'il avait fallu attendre, pour leur ouvrir les portes du Jardin, que cette question eût été convenablement discutée et finalement résolue par les pouvoirs compétents. Mais M. Geoffroy, en homme vif et actif, eut bientôt pris son parti. Il donna ordre d'ouvrir les portes à l'attroupement, d'installer les voitures et les cages qu'elles renfermaient dans la cour intérieure, et prenant provisoirement sur lui toute responsabilité, il se chargea, jusqu'à décision légale, de fournir à ses frais à l'entretien des animaux et de leurs gardiens. Il avait compris tout l'intérêt que devait avoir pour la science et pour le pays un pareil établissement, et combien, le premier pas une fois fait, il serait difficile au gouvernement de revenir en arrière.

« C'est ainsi que fut institué révolutionnairement, en date du 15 brumaire an II, le premier noyau de la Ménagerie. Parmi les animaux ainsi recrutés, se trouvèrent deux ours blancs, un léopard, un chat-tigre, une civette, un raton, un vautour, deux aigles, plusieurs singes, des agoutis. Ils furent évalués en somme à 33,000 fr.

« La classe des carnassiers était désormais représentée par quelques-uns de ses membres les plus

notables; mais pour compléter l'idée d'une Ménagerie, il restait à leur adjoindre des représentants
des classes pacifiques. Ce fut encore par arrêté révolutionnaire qu'il y fut pourvu. Après la mort du
duc d'Orléans, le Rainci avait été confisqué comme
propriété nationale, et la chasse du parc avait été
adjugée aux enchères à Merlin de Thionville et au
marquis de Livry. Mais Crassous, qui exerçait les
fonctions proconsulaires dans le département de
Seine-et-Oise, cassant le marché, décida que le
district de Gonesse ferait saisir dans le parc les
bêtes fauves qui s'y trouvaient pour les mettre à
la disposition des administrateurs du Jardin-des-
Plantes. En même temps, donnant avis à ceux-ci
de son arrêté, il les invita à déléguer quelqu'un
au Rainci pour recevoir ce tribut. Ce fut encore
M. Geoffroy Saint-Hilaire qui, à raison de ses fonctions, fut chargé de ce soin. Nous avons un jour
entendu raconter à l'illustre vieillard la visite qu'il
fit à cette occasion au Rainci avec Lamarck, cette
autre gloire, alors naissante aussi, de la zoologie
française. Merlin de Thionville, qui n'avait point
encore connaissance de l'arrêté proconsulaire, était
en pleine chasse quand on vint l'avertir que deux
jeunes gens arrivés au château demandaient qu'on

leur remit les précieux habitants de la forêt. Que l'on se fasse une idée de la surprise et de la colère du terrible conventionnel ainsi menacé dans ses plaisirs. M. Geoffroy n'était point du tout rassuré, et ce fut bien timidement que, pour toute réponse, il présenta au furieux chasseur l'arrêté dont il était porteur, et qui faisait connaître, avec sa qualité, au nom de quel pouvoir il venait. L'effet de ce nom, de cette décision prise dans l'intérêt du peuple, fut comme un coup magique. Les chasseurs s'arrêtèrent; l'emportement contre les importuns visiteurs fit place au désir empressé de les servir; on se remit en chasse, non plus pour le divertissement de tuer des animaux, mais pour une poursuite toute philosophique destinée à les mettre dans les filets, et par suite à la disposition des deux délégués de la Ménagerie nationale. Merlin de Thionville conduisit lui-même le convoi; et aux animaux confisqués au Rainci, il ajouta même plus tard, en échange d'animaux empaillés, divers animaux précieux dont il était possesseur. Ainsi prirent place au Jardin-des-Plantes, à côté des tigres et des ours, des cerfs et des biches, des daims fauves et blancs, des chevreuils, un chameau. Deux dromadaires, confisqués au château de Bel-Air, appartetenant au prince de Ligne, furent joints à cette troupe paisible ; et la seconde section de la Ménagerie, entretenue de fourrage comme la première de débris de boucherie, fut installée, en attendant décision, sous les grands arbres qui existaient alors près de la rue de Buffon.

« L'établissement ne reposait encore que sur l'incertain. Le comité d'instruction publique avait vu avec déplaisir les empiétements de la commune, et ne se pressait pas de les ratifier. Cependant, stimulé par M. Geoffroy, dont ces nouvelles acquisitions n'avaient fait qu'augmenter le zèle, il consentit à décréter en principe l'établissement d'une ménagerie au Jardin-des-Plantes, et autorisa M. Geoffroy à continuer ses avances. Les premières difficultés s'aplanirent peu à peu. L'affluence du peuple, qui avait immédiatement saisi toute l'importance de cette institution nouvelle, en fit sentir la valeur. Des mesures furent prises pour faire traquer et saisir dans les forêts de l'État des représentants de tous les animaux qui les habitent. M. Geoffroy ayant appris qu'il y avait, à la foire de Rouen, un éléphant, s'y rendit sans éclat, et en fit, à assez bon prix, l'acquisition. Un superbe lion fut acquis de la même manière. Bref, la Ménagerie

prit figure, et un an ne s'était pas écoulé depuis le
premier acte d'hospitalité accordée, dans l'enceinte
du Jardin-des-Plantes, aux ménageries foraines,
que la Convention nationale, sur le rapport du
député Thibaudeau, sanctionnait par un décret
l'établissement d'une ménagerie nationale. Nous
pensons qu'on nous saura gré de citer ici quelques
extraits de ce rapport, qui montreront mieux que
nous ne pourrions le faire tous les genres d'intérêts
qu'une telle institution présente.

« La botanique, disait le rapporteur, est sans
doute une des branches les plus étendues de l'histoire naturelle ; mais il y en a plusieurs autres dont
l'étude est très utile. On peut en prendre les premières notions dans les cabinets ; mais on n'y ac-
querra jamais des connaissances complètes, parce-
que l'on n'y voit pas la nature vivante et agissante.
Quelque apprêt que l'on donne aux cadavres des
animaux ou à leurs dépouilles, ils ne sont plus
qu'une faible représentation des animaux vivants.
La peinture n'en retrace même qu'imparfaite-
ment l'image. Quand on compare les lions qui
sont dans la plupart des tableaux au magnifique
individu qui existe au Muséum, on voit que la
plus grande partie des artistes, se copiant les uns

les autres, n'ont pas rendu la nature, et que
leurs imitations sont beaucoup au-dessous du modèle.

« Le Muséum a recueilli des animaux envoyés par
la municipalité de Paris, ceux de Versailles, du
Rainci; ils sont très mal logés : le Comité de salut
public avait en conséquence ordonné à la Commission des travaux publics d'examiner, avec les professeurs, l'emplacement le plus commode pour y
construire provisoirement une ménagerie propre
à les recevoir. Elle est presque terminée. Vous sen-
tirez la nécessité de cet établissement au Muséum,
qui doit renfermer tout ce qui tient à l'histoire naturelle. Jusqu'à présent les plus belles ménageries
n'étaient que des prisons où les animaux resserrés
avaient la physionomie de la tristesse, perdaient
une partie de leur robe, et restaient presque toujours dans une attitude qui attestait leur langueur.
Pour les rendre utiles à l'instruction publique, les
ménageries doivent être construites de manière
que les animaux, de quelque espèce qu'ils soient,
jouissent de toute la liberté qui s'accorde avec la
sûreté des spectateurs, afin qu'on puisse étudier
leurs mœurs, leurs habitudes, leur intelligence,
et jouir de leur fierté naturelle dans tout son dé-

veloppement. Les animaux qui servaient pour les grands spectacles des anciens conservaient toute la beauté des formes. On atteindra ce but en pratiquant des parcs un peu étendus, environnés de terrasses. Les spectateurs suivront sans danger tous les mouvements des animaux ; le peintre et le sculpteur feront alors facilement passer dans leurs ouvrages le caractère qui les distingue.

« En rapprochant de nous toutes les productions de la nature, ne la rendons pas prisonnière. Un auteur a dit que nos cabinets en étaient le tombeau. Eh bien ! que tout y reprenne une nouvelle vie par vos soins, et que les animaux destinés aux jouissances et à l'instruction du peuple ne portent pas sur leur front, comme dans les ménageries construites par le faste des rois, la flétrissure de l'esclavage ; que l'on puisse admirer la force majestueuse du lion, l'agilité de la panthère, et les élans de colère ou de plaisir dans tous les animaux. Quant à ceux d'un caractère plus doux, ils pourront être placés dans des parcs un peu étendus, en partie ombragés par des arbres, et tapissés de verdure propre à les nourrir. »

« N'est-il pas remarquable de voir le programme de cette ménagerie, que tant de personnes admirent

aujourd'hui sans en connaître l'origine, prendre
naissance au milieu des débats de cette Convention que d'ordinaire on se représente comme toujours terrible? Dans cette même séance, 21 frimaire
an III, malgré la pénurie du trésor, la Convention
vota, en faveur du Muséum d'histoire naturelle,
une somme de 237,233 francs. C'était alors une
somme considérable, et qui témoignait assez de
l'intérêt que portait la République à l'étude des
sciences naturelles. M. Geoffroy fut officiellement
nommé, par réglement approuvé par la Convention, directeur de la Ménagerie : cette direction
se trouvait être le complément normal de la chaire
de zoologie dont il était chargé. C'est sous ses aus-
pices, et principalement depuis le retour de la campagne d'Égypte, où il avait eu l'avantage de faire
la connaissance personnelle de Napoléon, que ce
bel établissement, de plus en plus favorisé par l'É-
tat, a pris peu à peu le beau développement qu'il
offre aujourd'hui. En regard de la magnifique collection anatomique formée par les soins du professeur d'anatomie comparée, Georges Cuvier, on peut
placer avec orgueil la ménagerie et la collection des
animaux empaillés formées par ceux du savant professeur de zoologie. Quelles que soient les traver-

ses par lesquelles la fortune, si souvent injuste pour le génie, semble vouloir troubler sa vieillesse, la reconnaissance de ses concitoyens et de la postérité ne lui manquera pas. Son nom, pur de toute autre ambition que de celle des sciences, restera inviolablement attaché à la gloire de la fondation de notre Ménagerie nationale.

Rédigé par JEAN REYNAUD.

Je termine cette *troisième annotation* en faisant remarquer que la conduite du Muséum d'histoire naturelle à mon sujet ne devait pas se borner à agir puissamment sur ma susceptibilité peut-être trop vive, mais tendait à placer mon fils dans la position du fils de Buffon, dépossédé de son avenir à l'avance. L'on vient, par une combinaison non encore votée, mais qui passera inaperçue au corps législatif, d'éteindre radicalement l'emploi de garde, pour que je ne puisse y appeler mon fils : on paraîtra faire une économie. Radicalement, non ! on se réserve *in petto* de revenir une autre année sur la mesure d'extinction ; cette place est nécessaire et

sera demandée dans un budget prochain, pour
être attribuée peut-être à un protégé sans titre.
Cependant c'était mon fils qui la remplissait
gratuitement dans des absences de deux mois
chaque année, que faisait l'ancien titulaire, et
il s'y employait avec zèle et distinction. Mais
c'était mieux que cela dont se trouvait vraiment
digne un talent comme celui de ce jeune naturaliste que l'Académie des Sciences, sans aucune
brigue, avait appelé, il y a cinq ans, dans son
sein, et qui a rédigé l'histoire, en trois forts volumes, d'une science nouvelle, la *Tératologie;*
laquelle traite philosophiquement des anomalies de l'organisation! Sa plume vient encore de
nous donner un morceau très éclatant dans le
caractère des travaux de notre époque, ses *Recherches sur la Domestication des animaux,* remarquables par leur profondeur et leur sagacité
toute *buffonienne.*

Et ce jeune naturaliste n'est arrivé qu'à l'âge
(trente-deux ans) où Buffon fut appelé à gou-
verner le Jardin-du-Roi[1].

---

[1] Consultez l'ouvrage de MM. Leroux et Reynaud.

Or ceci me reste en gloire, et je l'éprouve comme ravissements de l'âme, au point que je puis maintenant supporter toutes les blessures de la rivalité. Ainsi, je pars pour l'Étranger avec d'immenses motifs de consolations.

Cependant devais-je, doyen des naturalistes de France et de l'établissement du Jardin-du-Roi en particulier, devais-je terminer ma longue et laborieuse carrière par les peines de cœur qui m'accablent présentement et qui m'adviennent, dit-on, par *mégarde!*

L'impression de la Biographie de BUFFON, *ou du frontispice d'une édition des Œuvres de ce grand maître, est ici reproduite sous le bon et gracieux consentement de M. Pillot, et revue, à la date du 15 avril 1838, avec corrections et augmentations.*

DAUBENTON.

DAUBENTON.

Daubenton (Louis-Jean-Marie), collaborateur de Buffon pour l'anatomie et la partie
descriptive de l'œuvre, et, à ce titre, l'un des
auteurs de l'ouvrage le plus mémorable du dix-
huitième siècle. Ces deux grands naturalistes
naquirent tous deux à Montbard en Bourgogne,
Buffon en 1707, et Daubenton le 20 mai 1716.
Nous avons déjà, en la notice précédente indiqué
les traits les plus remarquables de leur vie commune, et nous renvoyons à cet article.

Daubenton fut envoyé à Paris pour y étudier
la théologie; mais en secret c'est à l'étude de la
médecine qu'il se livrait, et principalement à
celle de l'anatomie. Libre par la mort de son père
de choisir sa profession, il alla, en 1741, se faire

recevoir médecin à Reims. L'année suivante, il revenait avec cette qualité dans sa ville natale, quand Buffon, son ami d'enfance, nouvellement appelé à la direction du Jardin-du-Roi, le ramena à Paris et l'associa à ses grands travaux. Le sort de Daubenton fut enfin fixé en 1745, au moyen d'un emploi qui fut créé en sa faveur sous le titre de garde et démonstrateur du Cabinet d'histoire naturelle. Cette position acquise, les travaux entrepris devinrent plus actifs : en 1749 parurent les trois premiers volumes de l'œuvre commune, dès-lors devenue célèbre.

Daubenton y avait déployé la bienveillance de son caractère facile et rempli d'aménité ; il assurait ainsi le succès de cette grande entreprise en sachant s'absorber dans les soins du second rôle, visant seulement à une étude attentive des faits, à l'originalité de descriptions simples, et à donner avec une exactitude rigoureuse l'expression des formes, celles-ci rendues et annotées numériquement avec poids et mesure. Ce qui manquait à Buffon, était admirablement dans son collaborateur : heureux con-

traste, qui complétait par des dons inouïs chez
l'un de ces maîtres ce qui manquait chez l'autre,
et qui faisait coïncider, dans l'esprit de ces deux
hommes ardemment dévoués au progrès, le
savoir essentiel et le soin des plus minutieux détails avec les conceptions sublimes d'un génie
poétique, pénétrant et platonique ! Buffon était
myope : il ne voyait que des masses éclairées et
perçues en lui par des actes d'intuition et en
vertu du sentiment puissant d'une théorie à son
usage, celle des *faits nécessaires*. Daubenton, au
contraire, restait laborieux et patient devant
les moindres détails, avec toutes les ressources
d'instrumentation, celle du scapel particulièrement. Rien n'échappait à la finesse de ses regards, à la grande justesse de son esprit, à son
enregistrement calme et incessant. Et qu'on ne
croie pas que ce fût par impuissance et dégoût
de la généralisation. Le rôle synthétique était
échu à son ami, et je puis me permettre d'ajou
ter, à son chef d'emploi. La méthode analytique,
cet autre et puissant moyen de recherches,
était donc chez lui un devoir de position ;
mais en même temps sa conviction, à la suite

de méditations approfondies, l'y avait amené.

Et j'affirme ceci d'après les documents suivants : Vicq-d'Azir venait journellement, en 1793, curieux d'échapper aux scènes orageuses de la politique, consulter le savant, et prendre leçon auprès de notre vénérable maître alors. J'étais fort jeune, et pourtant admis à ces doctes entretiens. «Vos égards pour moi, disait Daubenton à Vicq-d'Azir qu'il affectionnait, vous feraient faire fausse route ; ma méthode à suivre vous serait fâcheuse : en 1750, j'ai compris mon temps ; j'y devais me livrer au bon choix des semences et au travail de leur élaboration ; mais vous, en 1793, admettez qu'il vous faut déjà songer à la récolte d'une première moisson. Rien de plus séduisant que l'emploi des généralisations ; c'est s'élever à des pensées d'éternelle sagesse. Je me les interdis à mon début, peut-être point assez, comme, par exemple, en ce jour où j'en vins à croire, sur de nombreuses données, qu'il n'y avait que sept vertèbres cervicales dans les grands animaux à la respiration pulmonaire ; mais l'un des paresseux en a neuf (pour le savoir actuel, huit ou neuf). Ce n'est là, ajoutait Daubenton, qu'une anomalie fort rare ; ce qui n'empêche pas que dans votre position d'une instruction plus étendue, vous ne deviez songer à faire de l'anatomie comparative et philosophique. »

Lorsque Camper disait de Daubenton que ce profond naturaliste ne savait point lui-même de combien de découvertes il était l'auteur, et que Camper en faisait honneur à la timidité extrême de ce maître, ce jugement était hasardé. Daubenton comme Buffon s'occupaient, en 1750, à édifier l'œuvre admirable de l'*Histoire naturelle générale*, celui-là par des travaux particuliers, celui-ci par ses vues synthétiques. Tous les deux étaient partis d'un fait qui dominait la science, fait instinctif recueilli dans l'humanité dès l'origine des premières pensées sur les choses ; car le principe conditionnel de la vie, qui est la nécessité d'harmonie des organes employés à sa manifestation, ne fut jamais méconnu dans le caractère de leurs relations mutuelles, mais se trouvait un fait de règle pour des esprits élevés. Qu'a donc fait Daubenton en décrivant et analysant, d'après son plan uniforme, l'orga-

nisation tant extérieure qu'interne des animaux
vivipares, aujourd'hui les *mammifères*, et en
répétant, chaque fois avec quelque roideur, il
faut l'avouer, sa formule accoutumée. Il n'avait
agi que d'après un savoir d'intuition, étant resté
fidèle à son point de départ, pour placer *a pos-
teriori* dans les esprits une conviction d'un sens
et d'une portée philosophique dont on s'écartait
généralement, entraîné par suite de prédisposi-
tions à des errements d'une spécialité abusive.
Les deux naturalistes songeaient à refondre et
à réexposer, selon leurs vues profondes et puissantes, les données de leur science, et chacun
d'eux y procédait par des notions élémentaires,
telles qu'elles étaient dévolues à son génie.

G. Cuvier accordait sa prédilection au faire
de Daubenton, dont il avait toutefois étendu le
cadre, et dont, placé sous l'inspiration de Lin-
næus, il augmentait l'utilité. A des descriptions
d'une grande exactitude, il reconnaissait un
mérite de premier ordre; car décrire ainsi, c'é-
tait, suivant Cuvier, produire à toujours des
récits vrais d'un caractère impérissable. Cuvier
faisait allusion aux théories qu'il disait destinées

à venir successivement se précipiter dans le gouffre immense des erreurs humaines; car sa pensée était que les idées ne sont rien en elles-mêmes, et que les faits seuls se défendent des révolutions et surnagent. C'était, à bien dire, une atteinte portée au génie généralisateur de Buffon. Mais j'ai déja relevé ce point dans mon article BUFFON, et montré que ce fut précisément pour avoir préparé les voies à nos présentes destinées philosophiques, que l'auteur platonicien des *Époques de la nature* est demeuré en possession du titre de *Prince des naturalistes*.

Mais voyons l'homme distinctement dans Daubenton.

Il aimait la jeunesse, celle sur-tout qui s'empressait à l'entendre dans ses cours. Et qui peut en parler plus savamment que moi, qui fus traité avec tant de bonté par cet illustre maître, du jour où je lui fus présenté par son vertueux et savant ami l'abbé Haüy. C'est alors que celui-ci, après avoir échappé aux proscriptions de septembre, vint lui dire ces paroles consacrées historiquement : *Aidez, aimez et adoptez mon jeune libérateur.*

Avec un si grand entraînement à tous les soins de bonté et de paternité, quelle existence devenait plus remplie que la sienne ! Jusque dans ses dernières années, ferme dans sa résolution de tenir constamment ses cours au courant des progrès scientifiques, il conserva le désir et la faculté d'être *utile*.

L'école vétérinaire d'Alfort conserve sa mémoire, et tient à honneur le souvenir d'un cours d'économie qu'il y fit durant plusieurs années en vue de rendre compte au public d'une grande et mémorable expérience sur l'amélioration dont il croyait susceptible la laine de nos moutons indigènes. Daubenton s'occupa long-temps avec persévérance de cette œuvre utile, et composa, dans cette intention, des Instructions sur l'art du Berger, qui furent remarquées comme écrites avec une simplicité admirable.

Ce fut sur ce souvenir, qu'obligé, en 1794, pour le maintien de sa position au Jardin-des-Plantes, d'obtenir un certificat de civisme, il parut devant l'administration locale, société dite alors des *Sans-Culottes*, sous le titre du *Berger Daubenton*. Considéré parmi les hommes popu-

laires d'alors comme un des leurs, ce philosophe
fut salué en camarade, reçut l'accolade du président et de tous les membres présents, et obtint
d'être traité comme *utile et philanthrope* ; bienveillance dont il ne rejeta point la consécration,
bien qu'elle fût peut-être accompagnée de manières, à quelques égards, peu courtoises.

Un autre surnom qui le flatta davantage dans
sa vieillesse, fut celui de *Nestor des naturalistes* : on
voulait en effet par-là rappeler ses mœurs pures,
ses affections plutôt douces que vives, et recommander le caractère, l'aménité et la quiétude de
son talent, de ses manières et de ses vertus. Son
âme se montra toujours étrangère à toutes les
passions haineuses et violentes ; ses travaux
eurent toujours pour but l'amour de la gloire
bien moins que la satisfaction d'être *utile* en
chaque occasion, et que les charmes de l'étude.
Il avait sur-tout à contenter un goût de précision
et d'exactitude, lequel éclatait chaque fois qu'il
prévenait son aide habituel de ne point regretter d'avoir à changer et rechanger minutieusement de premières poses d'échantillons sur les

tablettes, lui disant avec bonté : *Faire et défaire,
c'est toujours travailler.*

La politique était sombre en 1793, mais le
travail le distrayait efficacement. L'emploi jour-
nalier de son temps, et toujours distribué à la
minute, ne laissait, à son égard, le champ libre
à aucune nouvelle dont il pût être troublé. Le
matin, il quittait les soins de sa toilette pour n'y
plus jamais revenir : ainsi il se mettait aussitôt
à ses travaux pompeusement habillé, en man-
chettes, et comme s'il dût recevoir ou aller faire
de grandes visites. Après le repas du soir, dans
la société de sa femme, qui parvint plus tard à
un âge centenaire, venait tout haut la lecture
des romans du jour, pour commencer et finir à
chaque prescription de sa pendule : à l'heure
assignée et aussitôt sonnée, le livre était fermé
pour être repris le lendemain à l'indication du
sinet. Lacépède, son intime ami, lui avait entendu dire que c'était ainsi qu'il *mettait son esprit
à la diète.*

Daubenton, octogénaire, vivait dans sa méthode comme retiré au fond d'une solitude.
Aussi quelle fut sa surprise quand, vers deux à

trois heures de l'après-midi, le 9 juin 1793, je
vins lui annoncer la visite du député de la Convention administrant, avec le titre de président,
les affaires de l'instruction publique de la France.
« Quel est son nom? » demande aussitôt Daubenton. Nous ne l'apprîmes que le lendemain en
le lisant dans la *Gazette*, et apprenant en même
temps que ce haut magistrat venait, selon les
idées dominantes à cette époque, de faire appliquer au Jardin-du-Roi les vues unitaires et philosophiques qui lui avaient manqué jusqu'alors.
« Demain, dit le député, en s'inclinant respec-
tueusement devant le Nestor des naturalistes,
demain je parlerai à la Convention nationale de
la gloire française qui éclate en vous, et de ce
qu'un si grand mérite doit attendre de la muni-
ficence publique. » — « Les années du vieillard,
« répliqua Daubenton , règlent sa destinée ;
« veuillez plutôt servir l'établissement où j'ai
« passé cinquante ans de paix et de bonheur. »
Ce fut noblement proposé et accepté. Et la loi
Lakanal[1], du 10 juin 1793, éleva avec le temps

---

[1] M. Lakanal, présageant que les succès militaires al-

un monument à l'histoire naturelle, à Paris aussi bien que dans toutes les grandes villes des nations, en ralliant toutes les parties de la science, et en les fondant administrativement et unitairement sous ce nom de si grande portée, le *Muséum d'histoire naturelle.*

Daubenton remplit plusieurs chaires d'histoire naturelle, sous les noms et aux époques ci-après : 1° au collége de France ; une chaire de zoologie générale, à laquelle il fut promu en 1778 ; 2° à l'école vétérinaire d'Alfort, une

---

laient amener en France le rétablissement de la monarchie, s'imposa un exil de trente ans sur les terres libres des Anglo-Américains. Depuis quelques jours, il revoit le soleil de la patrie. Honneur et salut à ce généreux citoyen, qui veilla, en 1793 et 1794, avec tant d'anxiétés et de dangers pour lui, sur la conservation de nos illustrations scientifiques dans ces temps désastreux, de Laplace, Lagrange, mais sur-tout de l'astronome Lalande, d'une activité d'esprit à se compromettre fréquemment.

Je dois à ce gracieux Mécène d'avoir été conservé dans les droits que m'avait attribués la loi de juin 1793 ; ma jeunesse fut le motif invoqué pour réclamer mon renvoi : Daubenton et Lakanal s'unirent pour me défendre et me maintenir.

autre d'économie rurale, à la date de 1783,
qu'il ne conserva pas long-temps; 3° au Muséum
d'histoire naturelle, la chaire de minéralogie,
qui y fut instituée par décret de juin 1793,
et dont il remplit les fonctions jusqu'à sa mort;
4° et enfin', il fit plusieurs leçons, en 1795, à
l'école normale.

Ce fut devant le nombreux auditoire de cette
école, formé d'envoyés de toutes les parties de
la France à ces cours célèbres, que lui arriva le
curieux événement que je vais rapporter. Il y
donnait une leçon sur les convenances et le
mérite du style en histoire naturelle, et cette
phrase lui servait d'exemple : *Le lion est le roi
des animaux*. Il en discutait la valeur, et la blâmait comme défaut de rectitude; il venait
d'ajouter, comme développement de sa propo-
position : *Il n'y a pas de roi dans la nature*. A ce
moment, la salle retentit d'acclamations et de
bruyants applaudissements qui durèrent près
d'un quart d'heure. L'excellent vieillard en est
vivement troublé. Se serait-il mépris? il m'in-
terroge à ce sujet; car j'étais près de lui, où je
l'assistais comme son prévôt : Pourquoi ce bruit,

ces cris qui font fureur? Et son étonnement ne
devint que plus grand lorsqu'il apprit que cette
exaltation des esprits avait eu pour objet la naï-
veté de sa parole, et la croyance de chacun que
ce n'était point en lui un trait prévu et à effet,
mais une loyale et simple expression de sa pensée de naturaliste.

Le plus grand nombre de ses Mémoires se
rapporte à l'histoire naturelle : deux d'entre eux,
qui sont insérés dans la collection de l'Académie
des sciences, ont fait connaître cinq espèces de
chauves-souris en France, et une espèce de mu-
saraigne qu'Erxleben a appelée de son nom,
sorex Daubentonii.

Un troisième Mémoire (1772) fut consacré à
exposer la conformation de la poche du musc
chez un ruminant de l'Inde, le *chevrotain.* La
conformation singulière des organes de la voix
(1781) dans plusieurs oiseaux étrangers fut
le sujet du quatrième, etc., etc. Je citerai encore, parce qu'il fit quelque sensation, un Mémoire sur les *indigestions,* qui renfermait quelques
vues de médecine préservative, et qui donna
crédit aux pastilles d'ipécacuanha, aujourd'hui

si répandues. Enfin, je terminerai en rappelant
l'histoire du Garde-Meuble de la couronne, qui
possédait, comme l'une de ses grandes raretés,
un os supposé avoir appartenu à un géant : Daubenton montra qu'il fallait n'y voir qu'un radius
de girafe; et pour cette vérité de simple histoire
naturelle, il encourut la disgrâce redoutable de
la célèbre Pompadour.

Une lettre, qu'à son départ d'Égypte, j'avais
remise au général Bonaparte pour Daubenton,
et qu'il lui apporta dans une gracieuse visite,
causa peut-être les honneurs politiques dont le
premier-consul pensa alors à récompenser la
vie si pleine de Daubenton, et devint aussi l'occasion de sa perte. Daubenton fut élu membre du
sénat en 1799. Les changements survenus dans
ses habitudes par cette nouvelle dignité altérè-
rent sa santé : frappé d'apoplexie à l'une des
premières séances où il assista, il mourut quatre
jours après, dans la nuit du 31 décembre 1799
au premier janvier 1800.

Il avait une nièce de son nom, petite-nièce de
sa femme (les deux époux étaient très proches
cousins et nés Daubenton tous deux). Sa nièce

est devenue la seconde femme du fils unique du
grand Buffon. Madame la comtesse de Buffon,
veuve après un an de mariage, concentre,
comme unique héritière des deux branches, en
sa personne, les titres des deux immortels auteurs de l'*Histoire naturelle générale et particulière*.

THOUIN.

THOUIN.

CRÉÉ PROFESSEUR AU MUSÉUM D'HISTOIRE NATURELLE

PAR LA LOI LAKANAL DU 10 JUIN 1793

ET MORT

AU MUSÉUM, LE 27 OCTOBRE 1824.

Aux discours prononcés sur sa tombe, M. Geoffroy Saint-Hilaire a ajouté les quelques phrases suivantes.

M. Thouin (André), membre de l'Académie royale des Sciences, et professeur de culture au Muséum d'Histoire naturelle, était né, vers la fin de 1747, au Jardin-du-Roi; il y obtint en 1768, la place de jardinier en chef qu'avait occupée son père, mort quatre ans auparavant

Nommé membre de l'Académie royale des Sciences en 1786, il prit rang parmi les professeurs du Muséum d'Histoire naturelle lors de la création de sa chaire en 1793.

Ses titres littéraires se composent d'écrits nombreux, tous relatifs aux principes ou à la pratique de l'agriculture : ils font partie des grands recueils du temps ; savoir : les *Mémoires de l'Académie des Sciences*, *de l'Institut*, *du Muséum d'Histoire naturelle*, *de la Société d'Agriculture*.

Il a inséré, dans les *Annales du Muséum*, une description du jardin des semis, de l'école de culture, de celle des arbres fruitiers, et des mémoires sur les diverses sortes de greffe, sur les effets de la gelée, etc. Il était l'un des collaborateurs du *Dictionnaire d'Histoire naturelle* publié par Déterville et de l'édition nouvelle du *Cours d'Agriculture* de Rozier. Enfin il a publié à part un ouvrage in-4°, sous le titre de *Monographie des greffes* (1820).

. . . .

Comme homme privé, M. Thouin est demeuré incompréhensible à quiconque n'est susceptible ni de force d'âme, ni de désintéressement des pompes sociales. On peut estimer à leur valeur réelle tous les avantages du rang, tous les hochets des distinctions imaginés par la vanité, et cependant s'y soumettre par docilité de caractère. M. Thouin en jugea toujours autrement. Mais, s'il a renouvelé parmi nous les manières de ces hommes de bien de l'ancienne Grèce qui poussaient jusqu'à l'exagération la pratique des vertus domestiques, ce fut du moins sans affectation, sans le dédommagement que procurait à ceux-là le manteau de philosophe qui flattait en secret un autre genre de vanité.

M. Thouin sépara toujours les devoirs des agréments de la société, les distinguant non-seulement comme vues de l'esprit, mais dans l'application qu'il s'en faisait à lui-même ; car il accepta, il voulut les premiers, quelquefois jusqu'à se laisser accabler sous leur faix ; et il resta constamment inaccessible à l'attrait des seconds. Il ne se soumit jamais non plus au régime des visites ni à aucune de ces communications prescrites par le code si fastueusement nommé de l'usage du monde; aucune invitation à dîner n'eut de prise sur lui; il ne parut jamais aux séances solennelles des académies; enfin il se vit à regret, et l'on pourrait ajouter avec une sorte de résignation, inscrit sur la liste des chevaliers de la Légion-d'honneur; et il ne fut à ce sujet attentif qu'à une seule chose, à l'indulgence de ses amis qui ne s'offensaient pas qu'il ne portât point une décoration, sans objet, disait-il, sur l'habit d'un jardinier, mais admirée par lui sur la poitrine du militaire, où il lui paraissait qu'elle était le prix du dévouement et de services rendus à la patrie.

Qu'on taxe cela de singularités, soit; mais l'on se tromperait beaucoup, si l'on croyait y voir aussi de la misanthropie, de l'éloignement décidé pour les hommes.

Nul n'était au contraire plus accessible, nul n'avait dans le commerce intime plus de douceur et d'aménité; mais il fallait venir à lui, puisqu'il n'allait lui-même chez personne. Il ne se complaisait que dans une seule idée, celle d'être utile aux autres. Aussi n'avait-il aucune force, comme il ne trouvait aucun terme pour

refuser : son temps, ses connaissances, sa science, ses végétaux, vous pouviez tout lui demander. Dirigeait-il les travaux de culture, il priait
qu'on fît ceci, qu'on arrangeât cela; et c'était
toujours avec des manières d'une dignité simple
et d'une bonté touchante, qui plaçaient le dévouement dans l'obéissance.

Toujours calme, il ne s'abandonnait à aucune
exaltation, que si l'on exposait devant lui le
plan de nouvelles institutions ou de nouvelles
constructions d'une grande utilité et d'une application générale et durable. Les délassements
qu'il s'accordait et ses promenades avaient toujours pour but les travaux publics où il avait
remarqué ces caractères.

M. Thouin ne se maria point : il devint cependant un chef de famille dévoué et vénéré;
et c'est peut-être cette dernière circonstance qui
a donné lieu à cette austérité, à cette âpreté de
mœurs que nous venons de signaler. En effet,
orphelin à 17 ans et l'aîné de six frères et sœurs
dont les derniers-nés étaient encore en bas-âge,
il s'arma d'un courage dont il trouva les éléments
a-la-fois dans ses ressources et dans la trempe

de son esprit; dans ses ressources, ai-je dit, attendu que les vertus patriarchales de ses parents avaient attiré l'intérêt sur l'affreux isole-
ment de tant de pauvres enfants. Le jeune chef
de famille avait été jusque-là plus occupé des
travaux du jardinage qu'assidu dans les écoles
littéraires. N'importe : ce sont des difficultés de
plus ; mais elles n'effrayent ni le jeune jardinier,
ni l'appui tutélaire que la providence tenait en
réserve pour conjurer l'orage.

Bernard de Jussieu, si grand dans la science,
heureusement pour M. Thouin valait mieux
encore par l'excellence du cœur.

Il voit Buffon à qui les droits de sa place donnaient la nomination aux emplois : « Ces orphe-
lins, lui dit-il, deviennent nos enfants : je veille-
rai aux affaires du jardinage ; je m'empare de
l'aîné : je l'instruirai moi-même soir et matin ; le
temps presse, je le bourrerai de connaissances. »
Buffon partagea un si tendre intérêt ; l'emploi
vacant resta en réserve. Buffon et Bernard de
Jussieu, devenus, par l'impulsion de leur bonté
naturelle, les instituteurs d'un jeune homme de
dix-sept ans! quels hommes à satisfaire! Mais

des dédommagements leur sont réservés : la suite a fait connaître que l'élève était digne de répondre à d'aussi généreux soins.

Je n'ai rapporté ces détails que pour expliquer comment le caractère de M. Thouin s'est trouvé mûri avant l'âge. L'élève, qui en peu de temps devint l'ami, et dans le sein de l'Académie des sciences le confrère de maîtres pareils, pouvait-il passer sa jeunesse dans les dissipations des hommes de son âge? Le pouvait-il, celui qu'un destin sévère réservait, à l'égard de sa nombreuse famille, au rôle d'un appui tutélaire, à la condition laborieuse d'un père?

M. Thouin vécut dès-lors dans une retraite studieuse : ainsi il commença de bonne heure à ne connaître la vie que par le côté de devoirs très multipliés. Les habitudes fortifièrent dans la suite ce qui fut d'abord un effet de sa position. Cette filiation des faits donnée, ces causes assignées, qui penserait encore à insister sur des singularités d'une aussi honorable origine. Qui ne voudra, tout au contraire, les comprendre au nombre de tant de qualités et de vertus qui recommandent à jamais la mémoire du bon vieillard dont la perte sera un sujet d'éternels regrets dans le Jardin-du-Roi?

M. Thouin n'a pas eu la douceur d'apprendre que, le 23 septembre dernier (1824), ses services comme propagateur des végétaux utiles et comme bienfaiteur de l'humanité, avaient été l'objet d'un hommage public à New-Yorck. De semblables honneurs, et au même titre, lui avaient été aussi plus anciennement décernés en Angleterre.

. . . .

GEOFFROY-SAINT-HILAIRE.

COMTE

DE LACÉPÈDE.

LACÉPÈDE.

CÉLÉBRÉES DANS LA COMMUNE D'ÉPINAY, LE 8 OCTOBRE 1825

MESSIEURS ;

On a desiré que je vinsse, au nom du Muséum d'Histoire naturelle, prolonger ces pénibles adieux ; que je vinsse redire ici le cri de douleur qui retentit dans le Jardin-du-Roi, patrie adoptive de M. le comte de Lacépède, quand on y apprit qu'inopinément l'établissement venait d'être frappé dans le dernier chaînon qui rattachait son existence actuelle à la gloire de son second fondateur. Notre immortel Buffon, à qui il était réservé de ramener parmi nous les temps des plus grandes conceptions de l'esprit humain, ces temps glorieux pour l'histoire naturelle qu'avait produits et consacrés le génie des Pline et des Aristote, se donna pour collaborateur le plus distingué de ses disciples. Ce grand suffrage, cette désignation si glorieuse plaça M. le comte de Lacépède à la tête des naturalistes de notre âge.

Dans cette journée de deuil, je ne m'arrêterai point à établir comment ce choix fut justifié : je ne dirais rien qui ne fût connu. On n'hésita point à donner de bonne heure à notre savant collègue le titre de successeur de Buffon, de continuateur de ses ouvrages : et ce fut même dans ces derniers temps avec un sentiment si vif, que les éditeurs de l'Histoire naturelle crurent nécessaire au succès de ce grand ouvrage de le faire aussi paraître sous le nom de M. le comte de Lacépède, de lui donner la garantie d'une aussi puissante recommandation.

Trop de douleur m'oppresse pour que je développe ici les motifs de jugements aussi flatteurs, pour que je puisse dire présentement ce

que fut le savant, l'homme d'État, l'administrateur dans les différentes positions où la fortune plaça notre collègue. Son nom, grand dans
la science, grand dans l'ordre politique, se suffit à lui-même : un tel nom, ce me semble, gagne à paraître seul; il retentit et pénètre plus
avant dans les esprits : il y excite et de plus nombreux et de plus touchants souvenirs.

Au nom de Lacépède, que d'écrits se présentent à la pensée! Pourrai-je choisir et distinguer
l'un d'eux, quand tous sont également marqués
du cachet et des traits qui caractérisent le grand
écrivain; quand se retrouvent également, dans
tous la magie du style, la grandeur des vues, le
savoir du physicien, les profondes méditations
du naturaliste, des pages sublimes sur la vie, les
habitudes et les formes si diversifiées des animaux? Ses loisirs, qui eurent souvent la musi-
que pour objet, l'ont porté à en rechercher les
principes; et d'autres compositions d'une moindre importance, où il s'abandonnait aux plus
douces émotions du cœur et racontait les com-
bats et les déchirements de l'ame causés par un
excès de sensibilité, témoignent de toutes les

grâces de son esprit, respirent un sentiment exquis du beau et du vrai.

Au nom de Lacépède, des pensées plus graves nous occupent encore. Que d'actions d'éclat, que de travaux sur l'ordre politique, que de soins appliqués à rendre plus libres les rouages du gouvernement, plus douces et plus supportables les charges qui pèsent sur le peuple! Que M. le comte de Lacépède préside une assemblée de législateurs occupés tumultueusement des grands intérêts de la patrie; ou que, plus tard, il soit à la tête d'un grand corps politique, alors placé au faîte de l'édifice social, sa douce aménité, ses manières aimables, sa réputation du plus parfait homme de bien entraînent à lui et commandent la modération dans les discussions.

Nommer Lacépède, c'est encore rappeler les nombreux et touchants témoignages d'estime qu'il reçut. Il n'est point de guerriers illustres, point d'hommes éminents dans l'administration, dans la magistrature, dans les sciences, les arts et les lettres qui n'aient désiré et recherché son amitié; l'on ne sait donc encore qui distinguer

dans cet empressement général : ce concours si
flatteur suffirait seul à sa gloire.

Enfin au milieu de vous, honorables amis,
qui m'avez désigné pour votre interprète dans
ce douloureux moment, je n'aurais aussi qu'à
prononcer son nom, pour que l'on vînt à savoir
quels sentiments inaltérables et profonds il savait inspirer.

Fidèle à la recommandation que vous m'en
avez faite, je rappellerai, en présence de tant de
savants réunis autour de cette tombe, de ces
nombreux villageois [1] éplorés, que vous l'ai-
miez en frère, conservant toutefois pour lui la
considération et le respect filial dont vous vous
plaisiez à entourer le disciple préféré, l'héritier
de la gloire de Buffon.

Ce n'est point devant vous que je dois parler
de son active bonté, de la bienveillance qui lui
était naturelle, de cette abnégation de soi-même,
qui formait le trait éminent de son caractère et
dans laquelle il semblait se complaire comme

---

[1] La population entière d'Épinay fondait en larmes.

dans une vive jouissance ; de son empressement à obliger, de cette cordialité charmante qui coulait de source, qui saisissait les cœurs : que pourrai-je en effet rappeler que n'expriment plus éloquemment votre émotion et les larmes que je vois répandre autour de ce cercueil ?

Ah ! qu'ils sont heureux ceux qui ont vécu avec ce sage, qui ont été admis dans son intimité ! Ils savent jusqu'où peuvent s'exalter les facultés de l'homme pour le bien, jusqu'où peut aller la passion de la bienveillance.

Reçois notre dernier hommage, ombre vénérée ; salut à ta cendre ! Adieu.

Les sciences, en consacrant le souvenir de tes découvertes ; l'histoire civile, en proclamant les bienfaits de l'administrateur, publieront tes droits à l'admiration et à la reconnaissance de la postérité : mais pour nous qui avons connu la beauté de ton âme, qui avons eu part aux épanchements de ton amitié ; pour nous, il n'est point de dédommagement ; il n'en est point de possible dans ce qui demeure et sera pour le Jardin-du-Roi un sujet d'éternels regrets.

Geoffroy Saint-Hilaire.

PINEL.

PINEL.

Messieurs,

L'affluence et l'empressement de tant de personnes d'âge, de sexe [1], de profession et de caractères si divers, toutes réunies dans un même

---

[1] Un très grand nombre de femmes de l'Hospice de la Vieillesse (femmes), pour la plupart septuagénaires, sans en être détournées par le temps pluvieux et la longueur de la route, ont accompagné le cortège jusqu'au cimetière du Père-Lachaise.

sentiment auprès de ces dépouilles mortelles,
objets de si justes douleurs, nous font véritablement connaître que c'est à-la-fois un savant illustre, un grand médecin, un éloquent professeur, un écrivain célèbre, un ardent ami de
l'humanité, un bienveillant consolateur du pauvre, un père de famille, qui manquent aujour-
d'hui à tous, qui manquent à toutes les sortes
d'affections de la société.

M. le docteur Pinel, accablé par l'âge et les
infirmités, vivait hier encore isolé, privé de
tous ces témoignages d'affection filiale; mais
aujourd'hui que nul empressement indiscret
n'est à craindre, plus de contrainte : la foule de
ses amis, les nombreux disciples qu'il a formés,
les habiles médecins de cette capitale dont il a
guidé les premiers pas, tous ceux aussi qu'une
certaine position sociale plaçait sous l'appui de
son inépuisable bonté, se pressent autour de sa
tombe, auprès des restes de ce maître vénérable,
l'une des plus grandes illustrations du siècle.

Dans cette journée de deuil, l'éclat d'un discours serait une inconvenance : je ne rappellerai
donc dans ce douloureux moment que la som-

mité des faits d'une vie si admirablement remplie par les plus mémorables travaux, par les
actions les plus honorables.

M. Pinel, né en 1745, dans le département
du Tarn, prit d'abord ses grades de médecin à
Toulouse (1764), puis une seconde fois à la
Faculté de Montpellier. Il passa quelques années dans cette ville, où il fournit à ses besoins,
en donnant des leçons de mathématiques et en
écrivant des thèses pour plusieurs de ses con-
disciples. Il vint à Paris en 1772, où l'enseignement des mathématiques et quelques travaux
pour des libraires formèrent ses seules ressources. Il ne commença à se faire connaître
qu'en 1781, d'abord par une traduction de la
Médecine pratique de Cullen, puis par une
édition des œuvres de Baglivi qu'il enrichit de
notes.

Ces travaux avaient établi sa réputation : l'o-
pinion que s'étaient faite de ses talents les Por-
tal, les Desault, les Chaptal, les Cabanis, les
Berthollet, les Fourcroy, etc., et l'amitié qui le
liait avec ces hommes éminents dans les sciences, lui eurent bientôt ouvert la carrière des

emplois. L'Administration des Hospices lui confia d'abord la division des aliénés, à Bicêtre, puis, quelques années après, l'un des plus grands emplois de ses services, celui de la Salpêtrière, sous le titre de médecin en chef de ce vaste établissement.

Cependant on vint à réorganiser l'enseignement de la médecine à Paris, et des anciennes ruines sortit l'école fondée par Thouret et Fourcroy, composition presque monumentale par le nombre de grands talents qui en faisaient partie. Pinel fut l'un des professeurs de cette école.

La position de notre collègue devint telle enfin, qu'elle réagit à son tour sur ses destinées, en fournissant à son talent les plus riches moyens d'études; je veux parler des faits, des observations, de tout ce qui compose les éléments de ses deux principaux ouvrages, la *Nosographie philosophique* et le *Traité d'aliénation mentale*.

Alors que fut publié le premier de ces ouvrages, la chute du système de Boërrhaave avait laissé dans la science un vide qui la plongeait dans une sorte d'anarchie. Errants et sans guide, les élèves et les jeunes praticiens ne savaient où trouver le fil qui devait les diriger dans le labyrinthe des maladies : la Nosographie parut (1798), et par l'esprit philosophique qui en fait la base, par les formes empruntées à l'histoire naturelle qui en constituent le plan, l'auteur donna à l'observation médicale une impulsion qu'elle n'avait jamais eue, même du temps de Boërrhaave. Les premières étincelles de son génie avaient déja fourni à l'immortel Bichat l'idée-mère et féconde de la distinction des tissus; mais depuis les idées plus arrêtées de la Nosographie, des descriptions techniques, des divisions qui forçaient de mieux signaler et les analogies et les différences des diverses affections, des aperçus ingénieux sur le siége des maladies, préparèrent ces travaux immenses sur l'anatomie pathologique, que notre époque a vu s'effectuer, et que, tous les jours, elle voit s'accroître au profit d'un art si précieux pour la société.

Entrer plus avant dans ces considérations, serait m'exposer à présenter des vues et à faire

usage d'expressions que m'interdit peut-être
l'absence du grade doctoral en ma personne. Et
cependant, pourquoi craindrais - je d'ajouter
encore que ce fut surtout dans la classe des
phlegmasies que l'on remarqua l'heureuse application de la méthode sévère de la Nosographie, et que là sans doute sont déja les racines
d'une doctrine récente, qui doit peut-être une
partie de son éclat à la retraite forcée de notre
collègue?

Avant que l'illustre auteur de la Nosographie
fût parvenu à ramener ainsi en France le goût
des bonnes études et de la médecine d'observation, il y avait déja préparé les esprits par la
publication de son Traité de l'aliénation mentale. L'Académie conserve le souvenir de quelques parties qu'il en détacha, qu'il imprima
dans nos Mémoires, qu'il lut dans nos séances
solennelles. Ces lectures, que le public a toujours accueillies avec le plus vif intérêt, avec
le sentiment d'une profonde émotion, et en y
attachant l'idée d'un immense service rendu à
l'humanité, ces lectures nous apprirent à-la-fois
et ce qu'on avait anciennement imaginé de

mieux à l'égard des aliénés, et ce qu'avaient enfanté à leur sujet la peur et l'ignorance présomptueuse, les deux plus grands fléaux de la société, quand ils sont réunis et qu'ils s'aggravent l'un par l'autre. Il n'y avait eu, en effet, de prévu que le danger des communications : et comme on n'avait voulu se refuser à aucune des conséquences d'une séquestration sévère, de l'emprisonnement le plus rigoureux, l'on avait admis, et l'on avait l'autorité de l'usage pour admettre qu'on pouvait traiter des malades en criminels. Tel était le sort des aliénés détenus à Bicêtre, tel était le sort de ces infortunés par toute la terre, quand Pinel fut appelé à leur conférer ses soins. Son ardente philantropie en fut révoltée ; aussi ces malades qu'on lui avait livrés enchaînés ou confinés dans des cachots infects, quand il passa au service des aliénés de l'autre sexe, il les remit à son successeur, libres, jouissant du bienfait de l'exercice, et devenus l'objet des soins les plus charitables et les plus paternels.

A cette même époque, il existait aussi à Bicêtre d'autres infortunés. D'affreux proscrip—

teurs les attendent un jour pour les conduire en des prisons bien plus redoutées : Pinel les réclame, il les retient, il les déclare en traitement à titre d'insensés; et parmi ceux que son courage, que son vertueux dévouement viennent de protéger, sont des ecclésiastiques, quelques-uns d'un ordre élevé, aujourd'hui promus aux fonctions de l'épiscopat. S'il fallait citer bien d'autres infortunes alors ainsi consolées, nous rapellerions l'asile que Pinel a donné à Condorcet, action dont il partage l'honneur avec notre respectable collègue M. Boyer.

Le médecin, devenu chef d'école pour n'avoir jamais employé que le flambeau de l'observation et de l'expérience dans l'enseignement et la pratique de son art, s'était par-là ouvert les portes de l'Académie des Sciences. On n'attendit point qu'une place spécialement destinée à la médecine devînt vacante : l'empressement fut aussi vif que légitime. M. Pinel succéda à M. le baron Cuvier, devenu, en 1803, secrétaire perpétuel de la Compagnie. Il avait écrit sur l'anatomie comparée, et même sur la zoologie, conséquemment sur les matières spéciales de la

section où il fut placé. Il ne s'en était cependant
occupé que dans des moments de loisir, qu'à
titre de récréations : mais ces sortes de délassements étaient ceux d'un esprit supérieur, et ils
lui avaient créé des droits tellement incontestables, que les rivaux de ce grand académicien
s'empressèrent de les reconnaître et de les publier eux-mêmes.

Pinel a connu les afflictions de la vieillesse ;
mais quelques charmes en ont pourtant adouci
l'amertume : ce fut la flatteuse idée de confier
l'histoire de sa vie aux souvenirs, et les productions de son génie au savoir, aux commentaires
éclairés de la piété filiale. L'aîné de ses fils suit
la carrière de la médecine et s'est déja fait connaître par plusieurs dissertations sur les maladies de l'encéphale.

Qu'il me soit permis en finissant de rappeler
ces derniers moments de bonheur de notre excellent confrère, et de chercher dans cette circonstance le sujet d'une bien faible consolation.
afin de rendre moins penibles pour nous les
tristes adieux que nous adressons à sa cendre.

GEOFFROY SAINT-HILAIRE.

CHEVALIER

DE LAMARCK.

LAMARCK.

DISCOURS PRONONCÉ A SES FUNÉRAILLES

LE 20 DÉCEMBRE 1829.

MESSIEURS,

L'établissement du Jardin-du-Roi m'a chargé, dans ce moment de douloureuse séparation, d'exprimer les sentiments de gratitude, de regrets et de respectueuse admiration qu'il a voués à l'homme de génie dont il déplore la perte. Oui, pour nous qui avions accès chez M. de Lamarck, que ses avis ont guidé dans la carrière, qui l'avons trouvé toujours infatigable, dévoué, occupé avec tant de bonheur des travaux les plus difficiles, nous ne craindrons point de le dire, une telle perte laisse dans nos rangs un vide immense. Comme tout malheur public, elle est et devient pour tous un juste sujet d'éternels regrets.

Dans cette vie si riche d'enseignements, si pleines d'actions vertueuses, si remarquable par la plus généreuse abnégation de soi, il est difficile de choisir.

Nous devons cependant d'abord rappeler à vos souvenirs que M. de Lamarck naquit le 1ᵉʳ août 1744, à Basentin, village de Picardie situé entre Bapaume et Albert, et que, dernier né d'une famille noble, il fut élevé pour le sacerdoce, et, à cet effet, placé chez les jésuites d'Amiens.

A la mort de son père, il veut suivre la carrière des armes, celles de ses ancêtres; et n'ayant encore que 17 ans, il gagne l'armée opposée au grand Frédéric, et sur le champ de bataille, dans la journée du 16 juillet 1761, il montre une si rare intrépidité que le général en chef maréchal de Broglie, dérogeant à ses instructions, le crée, sur les lieux mêmes, officier. Des raisons de santé le portent quelques années après à renoncer à cet emploi; ce qu'il fit avec autant de joie qu'il en avait ressenti de sa promotion.

Bientôt arrivé à Paris, M. de Lamarck se dispose à la profession de médecin; mais après quatre années d'études, il se fixe exclusivement à l'enseignement de Bernard de Jussieu : il avait alors vingt-quatre ans. Les idées ingénieuses, le système sexuel de Linné, étaient généralement suivis; toutefois Bernard de Jussieu préludait à ses travaux d'une classification naturelle. Cette dissidence d'opinions entre les premiers maîtres de cette époque frappe M. de Lamarck. Ne pourrait-il pas réunir et accorder ces travaux en y ajoutant quelque emprunt à la méthode de Tournefort? telle est l'origine de la *Flore Française*, le premier titre de gloire de M. de Lamarck. On remarqua que c'était avoir fait de la science pour la France en particulier. Buffon accorde son encouragement à tout ce qu'il y a de patriotique et de progrès scientifique dans cette entreprise, et il obtient que ce nouveau livre sera imprimé aux frais de l'État, et que l'édition sera remise tout entière à l'auteur. Le

même entraînement d'estime porte (1779)
M. de Lamarck à l'Académie des sciences.

Néanmoins, plus tard, et pendant que la faveur publique répand au loin la réputation de la Flore française, l'auteur en juge différemment; il reconnaît enfin la haute supériorité des vues de Bernard de Jussieu. Celles-ci venaient d'être développées dans le *Genera plantarum* d'Antoine Laurent, neveu de Bernard, chef de l'école française pour la théorie des familles naturelles; et c'est dans l'esprit de ces maîtres que M. de Lamarck écrira dorénavant, et que finalement il rédige le *Dictionnaire de Botanique* de l'Encyclopédie méthodique; ouvrage devenu classique et qui place son auteur parmi les premiers botanistes de son temps.

Expliquons qu'il s'était écoulé quelques années entre la publication des deux ouvrages, années qui furent remplies par des voyages dans presque toute l'Europe. Commissionné, en 1781, comme botaniste du gouvernement, M. de Lamarck parcourut successivement les Pays-Bas, la Hollande, la Prusse, l'Allemagne et la Hongrie, pour en visiter les musées, les jardins botaniques, et spécialement les riches mines. Le jeune Buffon avait été confié au savant voyageur. De retour, M. de Lamarck obtint comme une récompense de ses travaux, d'être placé au Jardin-du-Roi sous le titre de *Conservateur des herbiers*.

Telle était la position de notre collègue au moment de l'organisation fondamentale du Muséum d'histoire naturelle, en juin 1793. Il ne fut point possible de lui assigner un professorat de botanique. M. de Lamarck, alors âgé de 49 ans, accepte de changer de science pour se charger de ce qui est par tous délaissé; car c'est effectivement un pesant fardeau que cette branche d'histoire naturelle, où, sous beaucoup de rapports, tout était à créer. Sur un point il est un peu préparé, mais c'est par accident; un dévouement d'amitié l'avait causé. Car c'était afin de complaire à son ami Bruguière, afin de pénétrer plus avant dans les affections de ce naturaliste tout-à-fait exclusif, et afin de lui parler le seul langage qu'il voulait écouter, lequel était restreint à des conversations sur les coquilles, que M. de Lamarck avait fait quelques études

de conchyologie. Oh! combien, en 1793, il regrette que son ami fût parti pour la Perse; il
l'eût voulu, il l'eût désigné pour le professorat
qu'on se propose de créer. Il le remplacera tout
au moins; c'est demandé aux mouvements de
son ame; et cet élan de cœur, cet acte de fra-
ternité, devient premier élément d'un des plus
grands talents zoologiques de notre époque.

Sur ce point je passe rapidement. Qu'aurais-
je à apprendre à ceux qui m'écoutent?

La loi de 1793 avait prescrit que toutes les
parties des sciences naturelles seraient également enseignées. Les insectes, les coquilles, et
une infinité d'êtres, portion encore presque in-
connue de la création, restaient à prendre. De
la condescendance à l'égard de ses collègues
membres de l'administration, et sans doute aussi
la conscience de sa force, déterminèrent M. de
Lamarck : ce lot si considérable et qui doit entraîner dans des recherches sans nombre, ce lot
délaissé, il l'accepta : résolution courageuse, qui
nous a valu d'immenses travaux et de grands,
d'importants ouvrages, entre lesquels la postérité distinguera et honorera à jamais l'œuvre qui,

entièrement achevée et rassemblée en 7 volumes, est connue sous le nom d'*Animaux sans vertébres*.

Combien d'autres ouvrages et de genres bien différents sont encore sortis de cette plume savante autant qu'infatigable et variée! Alors que M. de Lamarck étudiait la médecine et qu'il était logé de façon à ne considérer que les astres, il fixa son attention sur les événements qui se passent dans les régions moyennes de l'atmosphère. Ayant pensé, comme Toaldo et plusieurs autres météorologistes, que les mouvements de la lune influaient sur les changements du temps, il rechercha quelles règles s'y appliquaient; et il le fit avec une persévérance de laquelle s'irrita l'homme tout puissant qui faisait alors ployer le monde sous sa main de fer.

Vous parlerai-je de tous les efforts, de tous les livres que notre savant confrère a faits en physique, en physiologie, en philosophie générale? Le détail en est immense et ne peut être rappelé devant cette tombe, en ce moment de douloureuses émotions.

Homme de pensées fortes, profondes, et le plus souvent admirablement généralisées, de Lamarck les a conçues dans la vue de l'utilité publique. S'il lui est arrivé de rencontrer souvent de grandes résistances, il en parlait comme d'une condition imposée à tout homme qui commence une réforme. Cependant la vieillesse, les infirmités, mais surtout l'affligeante cécité de M. de Lamarck, lui avaient enfin réservé un autre sort. Cette âme grande et forte a pu goûter quelques consolations en connaissant le jugement de la postérité, qui pour lui a commencé de son vivant. Quand arrivèrent ses dernières et longues journées inutiles à la science, quand il eut cessé d'être redoutable à la rivalité, l'envie et les passions s'éteignirent et la justice resta seule. De Lamarck entendit alors des voies impartiales, écho anticipé de la postérité, qui le jugèrent comme le jugera l'histoire. Oui, le monde savant a prononcé son jugement, en lui décernant le nom de *Linné français*, rapprochant ainsi deux hommes qui, tous deux ont mérité une triple couronne par leurs travaux sur l'histoire naturelle générale, la zoologie et la botanique, et dont les noms grandis d'âge en âge arriveront l'un et l'autre à la postérité la plus reculée.

Cependant que laisse-t-il à sa nombreuse famille, à ses cinq enfants [1], dont un seul,

---

[1] Principaux Ouvrages de M. le chevalier de LAMARCK.

Flore française. Paris, 1778. 3 vol. in-8°. — *ibid.* 1780. — *ibid.* 1795. 5 vol. in-8", édition de M. de Candolle.

Dictionnaire de botanique, faisant partie de l'Encyclopédie méthodique (les premiers volumes).

Illustrationes botanicæ, du même recueil.

De l'influence de la lune sur l'atmosphère terrestre. An VII.

Sur le mode de noter et rédiger les observations météorologiques.

Sur la distinction des tempêtes d'avec les orages et les ouragans. An IX.

Recherches sur la périodicité présumée des principales variations de l'atmosphère. An IX.

Sur les variations de l'état du ciel et sur les causes qui y donnent lieu.

Sur la matière du feu, considérée comme instrument chimique dans les analyses. An VII.

Mémoire sur la matière du son. An VII

M. Auguste de Lamarck, habile et très estimé comme ingénieur des Ponts-et-Chaussées, est avantageusement produit? que laisse-t-il à cette

------

Sur les cabinets d'histoire naturelle et leur organisation au Muséum d'Histoire naturelle ; présenté à l'Assemblée nationale.

Annuaire météorologique, précédé de probabilités sur les temps de l'année. Onze éditions revues d'année en année, de 1800 à 1812.

Hydrogéologie. Paris, 1801, in-8". — Traduit en allemand, par Wrède. Berlin, 1805, in-8°.

Recherches sur les causes des principaux faits physiques. Paris, 1801, 2 vol. in-8°.

Système des animaux sans vertèbres. 1801, 1 vol. in-8".

Recherches sur l'organisation des corps vivants, particulièrement sur leur origine, sur la cause de leur développement et des progrès de leur composition et sur celle qui amène la mort. 1802, in-8".

Philosophie zoologique, 1809, 2 vol. in-8".

Cours de zoologie sur les animaux sans vertèbres. 1812, in-8".

Système analytique des connaissances positives de l'homme. Paris, 1820, in-8".

Histoire naturelle des animaux sans vertèbres. Paris, 1815 à 1822. 7 vol. in-8".

Description des coquilles fossiles des environs de Paris : dans les Mémoires du Muséum d'Histoire naturelle.

famille intéressante, celui qui sut créer avec
génie, observer avec talent? dirai-je, uniquement ses beaux souvenirs? non sans doute;
M. de Lamarck a acquis, il a assuré à ses enfants la reconnaissance de la société, des droits
légitimes aux bienfaits du gouvernement.

GEOFFROY SAINT-HILAIRE.

BARON

G. CUVIER.

G. CUVIER.

DISCOURS PRONONCÉ A SES FUNÉRAILLES

LE 16 MAI 1832.

MESSIEURS,

Je m'avance aussi vers cette tombe qui va
s'élever illustre entre toutes les tombes : déchi-
rant et solennel spectacle! perte immense et
irréparable!

Je viens rendre un dernier hommage à
l'homme de génie, au nom des naturalistes et
comme président de l'Académie des sciences,
et, je puis ajouter, au nom de tous les naturalistes des deux mondes : car, par toute la terre,

chacun de ceux qui cultivent la science de la nature doit surtout à M. Cuvier ce qu'il sait et ce qu'il vaut en histoire naturelle ; tous se sont formés sous les inspirations du génie et de l'immense savoir de notre grand zoologiste.

Au milieu de ce deuil universel, quand la mort brise tout-à-coup une existence, si belle par ce qu'elle a été et si belle aussi par ce qu'elle pouvait être encore, j'arrive sur cette scène de désolation sans pensées que je puisse exprimer, sans paroles que je puisse dire, absorbé dans un seul sentiment, frappé d'un seul fait, du coup affreux qui nous accable.

Il n'est plus, ce MAÎTRE aux paroles si retentissantes, d'un si puissant enseignement, d'une érudition si étendue ; qui savait embellir tour-à-tour de sa parole éloquente les traits d'un esprit fin et toujours gracieux et les créations d'un génie si admirablement universel ; dont la plume flexible pouvait également donner de l'intérêt aux détails les plus arides, et peindre dignement la magnificence et la majesté de la nature.

Tout jeune encore, M. Cuvier croyait n'écrire

que des morceaux d'études ; et déja à son insu,
comme à l'insu de tous, il avait jeté les fondements durables de la zoologie. J'eus le bonheur
inexprimable de l'en avertir le premier, d'avoir
le premier senti et révélé au monde savant la
portée d'un génie qui s'ignorait lui-même [1].

---

[1] Voici quelle fut l'origine de mes liaisons avec
M. le baron Cuvier : Il habitait, en Normandie, le château de Fiquainville ; lui, le comte d'Héricy, propriétaire de cette habitation, le prince de Monaco et d'autres
grands propriétaires de la contrée allaient chaque soir,
en 1793, assister dans la ville voisine, *Valmont*, aux
séances d'une prétendue société populaire, où ils avaient
soin qu'on ne parlât que d'agriculture.

Sur ces entrefaites, notre vénérable doyen, M. Tessier, que les persécutions révolutionnaires d'alors
avaient porté dans les armées, et qui s'y trouvait caché
sous le titre et avec l'emploi d'un médecin de régiment,
tenait garnison à Valmont : il apprend que l'on s'y réu-
nit le soir pour des causeries sur la culture des champs;
il se rend à cette réunion et finit par y parler si perti-
nemment des matières en discussion, qu'il est promptement reconnu pour l'auteur des articles *agriculture* de
l'Encyclopédie méthodique : il avait eu pour cela affaire
à la sagacité du secrétaire de la réunion, M. Cuvier,
qui s'en ouvrit à lui. Mais les articles *agriculture* étaient
signés *l'abbé Tessier*. C'était cette qualité d'*abbé*, que

« Ces manuscrits, dont vous me demandez
« la communication, m'écrivait un jour **M.** Cu-
« vier, alors livré en Normandie à des travaux
« d'éducation, ces manuscrits ne sont qu'à mon
« usage, et ne comprennent sans doute que des
« choses déja ailleurs et mieux établies par les
« naturalistes de la capitale : car ils sont faits
« sans le secours des livres et des collections. »

Et cependant dans ces précieux manuscrits,
je trouvai presque à chaque page des faits nouveaux, des vues ingénieuses, et déja ces méthodes scientifiques, qui depuis ont renouvelé
les bases de la zoologie : elles y étaient indiquées.

---

l'ancien usage faisait prendre aux pensionnaires tonsu-
rés de la caisse des Économats, et que **M.** Tessier avait
portée à ce titre, qui l'avait rendu suspect à Paris. —
Me voilà reconnu, s'écria douloureusement le célèbre
agronome, *et par conséquent perdu.—Perdu!* reprit vivement **M.** Cuvier, *non, vous allez être au contraire l'objet
de nos plus tendres empressements.* Cet entretien aboutit à
une liaison intime : et peu après, **M.** Tessier, mon compatriote, l'ami de ma famille et le guide de mon enfance,
me désira en tiers dans cette intimité. Je fus de cette
manière engagé dans une correspondance avec **M.** Cuvier.

Ces premiers essais étaient déja supérieurs à presque tous les travaux de l'époque. Je répondis à M. Cuvier : *Venez à Paris, venez jouer parmi nous le rôle d'un autre Linné, d'un autre législateur de l'histoire naturelle.*

M. Cuvier vint en effet : je lui tendis la main d'un FRÈRE ; et bientôt j'obtins pour lui de mon respectable collègue Mertrud, alors professeur d'anatomie comparée au Jardin-des-Plantes, le partage d'abord et la suppléance de cette chaire, que mon illustre ami a depuis rendue si glorieuse.

Les ailes de ce puissant génie une fois développées et libres désormais, dirai-je quel essor il a pris?

En 1795, le naturaliste législateur apparaît dans Cuvier. Les branches de la zoologie, encore enveloppées des ténèbres les plus épaisses, sont celles qu'il entreprend d'éclairer d'une vive lumière : il porte hardiment la réforme dans la dernière classe du règne animal : Linné l'avait nommé *vermes* : c'était le nom de *chaos* qui lui convenait. L'on vit ainsi paraître alors, appuyées sur d'immenses recherches anatomiques, ces belles et savantes classifications sur les Mollusques, qui furent dès le moment de leur publication universellement comprises et justement admirées.

Cependant les devoirs du professeur le fixaient chaque année sur la structure des animaux et la comparaison de leurs organes; chaque année, le cours de M. Cuvier s'élevait à une plus grande hauteur, et de nouveaux travaux venaient compléter ceux de l'année précédente. Leurs résultats furent déposés, à l'aide de savants collaborateurs, dans un ouvrage en cinq volumes, les *Leçons d'anatomie comparée*. Dans ce livre devenu européen, Daubenton, Camper et Vicq-d'Azyr sont dépassés; mais pour Cuvier, ce n'est que le péristyle d'un temple élevé à l'ANATOMIE : il croit n'avoir encore donné que le précis d'un plan à développer.

A la publication des *Leçons d'anatomie comparée* succède celle du *Règne animal* et des *Recherches sur les ossements fossiles* : le *Règne animal*, ouvrage dans lequel la série zoologique tout entière se trouve comprise pour la première fois dans une classification méthodique fondée sur les principes les plus philosophiques,

en même temps que sur la connaissance la plus
parfaite de l'ensemble et des détails de l'organisation ; les *Recherches sur les ossements fossiles*,
monument plus admirable encore, et qui suffirait pour recommander le grand nom de son
auteur à la postérité la plus reculée. L'idée
d'une telle entreprise est à elle seule une œuvre
de génie ; mais pour son exécution, le génie ne
suffisait pas ; il fallait un savoir immense, il
fallait le savoir de M. Cuvier. Avant la publication des Recherches sur les fossiles, qui eût
soupçonné qu'un jour le génie d'un homme,
exhumant de la nuit des âges des débris muti-
lés, ferait revivre pour la science les antiques
habitants de notre globe, et nous ouvrirait ainsi
l'entrée de ce monde primitif que le Créateur
avait séparé de nous par tant de siècles, tant de
générations, tant de bouleversements[1].

---

[1] Séparé sur-tout par le fait et les résultats de l'action
lente du temps, par des changements conséquemment qui
surviennent dans la nature des milieux à la surface de
la terre. Des animaux d'une conformation donnée ne

Après les grands travaux que je viens de rappeler, je dois encore citer, malgré le peu de temps qui m'est accordé, la grande *Histoire naturelle des poissons*, dernier ouvrage publié par M. Cuvier, et dont huit volumes, le neuvième sous presse, ne composent pas même la moitié. Espérons que cette vaste entreprise, pour laquelle M. Cuvier s'était adjoint un savant collaborateur [1], ne restera pas inachevée : car l'Histoire naturelle des poissons, malgré son sujet spécial, porte aussi le cachet d'un immense talent, et se place dignement à côté des autres ouvrages de son illustre auteur.

C'est au milieu de tant d'occupations si diverses, que M. Cuvier, portant un œil scrutateur

---

sont d'existence possible, que par l'apport et avec le maintien de l'essence propre et caractéristique de leurs matériaux ambiants et assimilables ; de telle sorte que les arrangements d'organisation animale, qui furent à l'origine des choses, se trouvèrent à quelques égards nécessairement différents de ceux favorisés aujourd'hui dans leurs développements par les combinaisons de l'ordre actuel de l'univers.

[1] M. Valenciennes.

sur sa constitution physique, fit l'affreuse découverte de la fatigue anticipée dont l'excès de
ses travaux l'avait frappé. Le repos devenait
pour lui nécessaire. Les conseils de savants médecins le recommandaient : une influence épi-
démique, menaçante et redoutable pour tous,
le rendait plus indispensable encore. Mais passionné pour la science à laquelle il a consacré
sa vie, Cuvier se refuse au repos; il abandonne
même les occupations plus faciles qu'il peut
confier à d'autres mains, et consacre toutes ses
forces, tous ses moments à l'achèvement de
cette grande entreprise commencée par lui il y
a trente années : la rénovation de l'anatomie
comparée. C'est pour lui la clef d'une voûte
qu'il ne veut pas laisser imparfaite.

Le courage de notre illustre ami était, hélas!
plus grand que ses forces. En six semaines, l'ostéologie comparée est revue dans son ensemble :
deux volumes sont produits; deux volumes où
son génie se retrouvera tout entier, fécondé par
son immense savoir, mais que nous ne lirons
jamais sans une douloureuse émotion : car ces
deux volumes, derniers monuments élevés par

leur illustre auteur, ont achevé d'épuiser ses forces !

Je m'arrête ici. Simple zoologiste, j'ai parlé seulement des immenses services rendus à la zoologie par M. Cuvier. Laissant à des voix plus éloquentes que la mienne le soin de dire toute la puissance, toute l'universalité de son talent, je me tais et me renferme dans ma douleur et mes souvenirs accablants.

En ce moment d'un dernier adieu, que notre illustre confrère n'a pu, hélas! entendre de ma bouche, comment ma pensée ne se reporterait-elle pas sur cette vie commune de nos jeunes ans, sur ces relations si intimes et si dévouées, sur cette communauté de travaux si douce à tous deux !

SÉRULLAS.

SÉRULLAS.

DISCOURS PRONONCÉ A SES FUNÉRAILLES

LE 26 MAI 1832, COMME PRÉSIDENT DE L'ACADÉMIE.

MESSIEURS,

A peine une semaine s'est écoulée et l'Académie des sciences reparaît dans ces champs de la mort. A l'immense perte qu'elle a faite du plus grand de ses naturalistes, succède celle non moins douloureuse de l'un de ses plus savants chimistes. Sérullas n'est plus! Et ce qui ajoute encore à la grandeur des regrets qu'inspire ce déplorable événement, le premier de ces malheurs fut la cause du second. Sérullas fut frappé

mortellement sur la tombe de Cuvier ! Il y a peu
de jours encore, celui que nous pleurons aujourd'hui était au milieu de nous, accablé lui-
même sous le poids des plus douloureux regrets,
oubliant dans sa vive émotion des soins que l'in-
clémence du ciel rendait plus nécessaire à sa
santé déja altérée. C'est, hélas ! son généreux
oubli de lui - même qui nous préparait ce nouveau deuil.

Le savant ingénieux, dont nous déplorons aujourd'hui la perte, est né en 1774 dans le département de l'Ain, à Pontcin près Thoiset, pays
déja illustré par la naissance de notre grand anatomiste Bichat [1]. Fils d'un notaire estimé, Sérullas fut lui-même destiné par son père au no-
tariat, et sa carrière semblait devoir s'écouler
modeste et paisible, dans le village même où il
était né; mais en 1793, menacée par une formi-

---

[1] Sérullas et Bichat, son aîné de trois ans, furent con-
disciples à Nantua ; et cependant telle fut la diversité de
leur fortune, que près d'un quart de siècle s'écoula entre
la fin des travaux de l'un et les premières publications
de quelque importance de l'autre.

dable coalition, la France tout entière est appelée à se lever, comme un seul homme, pour la défense de la patrie. Sérullas veut répondre à cet appel, mais dans un rang qui utilise ses premières études littéraires. Il suit à Bourg quelques cours de pharmacie, il est bientôt nommé pharmacien militaire. C'est ainsi que s'ouvrit, pour Sérullas, cette carrière qu'il a parcourue d'une manière si honorable et qui devait le conduire enfin, mais par une route si longue, si indirecte, et à travers tant d'obstacles, sur le terrain des hautes spéculations scientifiques, seul digne de son esprit observateur, ingénieux et philosophique.

Malheureusement pour la science, Sérullas se trouva pendant toute sa vie entre ses goûts, qui l'entraînaient invinciblement vers les recherches les plus savantes de la chimie, et les devoirs de sa profession, qui étaient loin de lui ménager cette position tranquille, si nécessaire au savant. Ainsi, compagnon de gloire de nos armées, il fit, comme pharmacien principal, dans les corps commandés par l'illustre maréchal Ney, toutes les guerres d'Italie et d'Alle-

magne, et, bientôt après, celle si mémorable
de Russie, sa dernière campagne.

Cette vie toute militaire dut enfin cesser :
M. Sérullas, au sortir de Torgau, où il demeura
assez long-temps bloqué, fut nommé pharmacien de l'hôpital militaire de Metz, et se trouva
ainsi après la paix dans une position qui, si elle
n'était pas des plus favorables aux recherches
scientifiques, du moins ne les rendait pas tout-à-
fait impossibles. C'en était assez pour M. Sérullas. Dès-lors il se livra avec ardeur au genre de
spéculations vers lesquelles il s'était toujours senti
entraîné ; et tel était en lui le sentiment de son
avenir, qu'il eut, à quarante-deux ans, le courage de commencer l'étude des mathématiques
et celle de la langue grecque, et d'acquérir dans
l'une et l'autre toutes les connaissances utiles
à la nouvelle carrière où il voulait s'engager.
De tels efforts sont constamment récompensés
par le succès, car ils sont toujours l'œuvre d'un
génie qui a conscience de sa force et de sa haute
vocation. Aussi Sérullas, qui s'était déja fait remarquer dans le corps des pharmaciens de l'armée autant par la rare capacité de son esprit

que par sa loyauté et son active philanthropie,
s'éleva tout-à-coup à une hauteur que personne
n'eût osé présager. Ses premiers travaux suffi-
rent pour révéler en lui un talent qui rappelait
celui de Vauquelin, et bientôt le monde savant
le plaça au nombre des chimistes les plus distingués dont s'honore la France.

Je ne puis ici, Messieurs, vous offrir le tableau même abrégé des travaux que la chimie
doit à M. Sérullas, travaux dont plusieurs ont été
le fruit de méthodes toutes nouvelles d'expéri-
mentation, et qui ont valu à leur auteur la connaissance d'une multitude de corps nouveaux
remarquables par des caractères tranchés et souvent inattendus. Qu'il me suffise de rappeler les
découvertes presque innombrables que M. Sérullas a faites sur l'iode, le chlore, le brôme et
le cyanogène, dont il a vraiment, dans une série de Mémoires, donné une complète et admirable monographie, et ses belles recherches sur
la formation de l'éther sulfurique; recherches
de l'ordre le plus élevé, et dont le succès, dû à
de nouveaux et habiles procédés d'analyse, eût
suffi pour conquérir à leur auteur la haute es-

time des chimistes, des savants de l'Europe.

En arrêtant notre pensée sur une vie si pleine et si féconde, nous ne pouvons nous défendre d'une douloureuse réflexion. Quelle perte pour la science que celle de la jeunesse de M. Sérullas, consumée dans des travaux sans doute honorables, mais si peu faits pour un homme d'une si haute portée! Quelle perte pour la science que celle qu'elle éprouve aujourd'hui à une époque où le talent de M. Sérullas, ingénieux et puissant, comme il y a dix années, mais mûri et fécondé par un immense savoir, promettait encore à la chimie un si long et si brillant avenir!

Que d'amertumes à ses derniers moments! C'est quand son âme est remplie d'un bonheur inexprimable, quand il se voyait appelé sur un nouveau et plus grand théâtre, à la chaire de Fourcroy; quand d'illustres compétiteurs, ses aînés dans la carrière, lui en facilitent eux-mêmes l'accès, et quand décidément cette chaire lui est assurée par les suffrages de l'Académie des sciences et des professeurs du Muséum, que notre excellent et savant confrère nous est enlevé! Que de gloire pour lui dont il jouissait avec

délices dans ces manifestations d'une si flatteuse
déférence ! Hélas ! ce n'était là qu'un vain rêve,
devant finir par l'affreuse réalité qui nous rassemble autour de ce cercueil.

N. B. **M.** le maréchal *Soult*, ministre de la guerre,
prenant en considération les longs et importants services de M. Sérullas comme pharmacien militaire, ses
glorieux travaux dans la science, et son intarissable
désintéressement ayant *entièrement* détruit son aisance,
a rendu une décision relative aux obsèques de ce grand
chimiste, destinée à devenir un témoignage durable des
vifs regrets de ses frères d'armes.

GEOFFROY SAINT-HILAIRE,

*Président de l'Académie des Sciences,
durant l'année 1832.*

MEYRANX.

MEYRANX.

MORT EN JUIN 1832 [1].

Nous sommes en très petit nombre autour de cette tombe, et cependant c'est la tombe d'un maître habile du collége Charlemagne qui nous rassemble, celle du docteur Meyranx, lequel, je

---

[1] Professeur d'histoire naturelle au collége de Charlemagne, et attaché à l'administration du dépôt littéraire nommé la *Bibliothèque de l'Arsenal*.

Meyranx fut moissonné avant l'âge de quarante ans, frappé par l'influence de la terrible épidémie de 1832, et succombant aussi sous l'excès de ses ardents et pénibles travaux. Une feuille publique, rédigée par un ami,

ne crains point de l'affirmer, était destiné à prendre un rang très distingué parmi les plus savants naturalistes.

---

donna, le 3o juin de cette même année, la nouvelle de sa mort, et apporta à l'amitié une invitation de lui rendre les derniers devoirs. A cette exhortation répondirent M. l'abbé Laurentie, l'auteur de cet avis et compatriote de Meyranx, MM. les bibliothécaires Lenormand, Caix, Lagrange, etc.; et MM. les proviseur et professeurs de Charlemagne. Je me trouvai dans le groupe, au titre d'ami et d'ancien maître de Meyranx. Le seul naturaliste et le seul de cette assemblée tenu au courant des travaux habiles et opiniâtres de Meyranx, je cédai, après le service religieux, aux vives instances des présents à l'église, de ces amis fidèles; sans l'avoir prévu, je me trouvai entraîné sur leurs pas au cimetière du Mont-Parnasse; et là je donnai la présente improvisation. M. l'abbé Laurentie recueillit ce discours, et l'inséra dans sa gazette.

Cependant, que je m'excuse, ou du moins que je m'explique sur les motifs qui m'ont porté à comprendre Meyranx dans la présente et glorieuse galerie de nos derniers naturalistes. Il n'est guère connu que par une action à la Diogène, qui, pour donner du mordant à sa fine et judicieuse critique d'une définition abstraite de l'école philosophique à Athènes, s'en vint jeter dans

Meyranx, à la fin de sa vie courte et pourtant très laborieuse, n'apparaît qu'au titre d'un mérite presque ignoré : mais c'est qu'il lui était

---

les jardins d'Académus, un coq déplumé portant cette inscription : *l'une des formes de l'homme, selon l'enseignement sublime de Platon.* Ainsi Meyranx vient verser dans nos cercles académiques son idée non développée , et de physionomie séditieuse pour ce temps, savoir que les mollusques formaient un terme moyen et de premier âge dans l'Animalité, d'où les animaux vertébrés et l'homme, auraient à sortir, et seraient sortis un jour.

Plus qu'aucun autre, Meyranx appartenait à l'état mixte et transitoire des deux écoles dissidentes, exclusives et momentanément contemporaines. Ses idées panthéistiques préoccupaient exclusivement le naturaliste, et l'entraînaient outre mesure; puis rentrant dans la vie sociale et pratique, son dévouement pour les hommes de la Restauration et le parti-prêtre éclatait de façon à éveiller beaucoup de soupçons sur son compte.

Il citait Vauvenargues avec prédilection , et semblait l'avoir pris pour modèle. Les idées de tous deux étaient confuses, et comme Vauvenargues, il mourut jeune, avant de les avoir dégagées de leur caractère contradictoire.

Car Vauvenargues traîna comme lui les dernières années de sa vie dans les tourments d'un doute mélancolique. Les *Maximes* sont d'un spiritualiste convaincu ; Vauvenargues y affirme penser sur la divinité du *Christ* comme tous les grands hommes que l'incrédulité du

arrivé d'avoir cultivé plus les idées que les personnes et qu'il n'avait guères présenté que de
ces aperçus, qui exigeaient de la société certains progrès d'esprit, pour être compris.

Toutefois, Meyranx obtiendra une légitime
illustration quand, et à cause même de cet ave-

---

xviii* siècle n'avaient point pervertis et entraînés; *Newton*, *Pascal*, *Bossuet*, *Racine*, *Fénélon*, *etc.* Et cependant
Vauvenargues a écrit ces paroles remarquables.

« La cause occulte de Newton, est celle qui produit
la pesanteur et l'attraction des corps ; mais il n'est pas
impossible peut-être que cette pesanteur et cette attraction ne soient à elles-mêmes leur propre cause : car il
n'est pas nécessaire qu'une qualité que nous apercevons
dans un sujet y soit produite par une cause ; elle peut
exister par elle-même. On ne demande pas pourquoi la
matière est étendue, c'est là sa manière d'exister, elle ne
peut être autrement. Ne se peut-il pas faire que la pesanteur lui soit aussi essentielle que l'étendue ? pourquoi non ? il n'est aucune portion de matière qui ne soit
étendue : l'étendue est donc essentielle à la matière.
Mais s'il n'y a aucune portion de matière qui ne soit
pesante, ne faudrait-il pas ajouter la pesanteur à l'essence de la matière ? Et si le mouvement n'est autre
chose que la pesanteur des corps, nous voilà bien avancés dans le secret de la Nature. »

nir, suivant moi, seront publiées ses recherches nombreuses et intéressantes d'anatomie comparée. Les plus remarquables ont eu pour objet les Mollusques, savoir des animaux d'une structure restée jusqu'ici problématique. C'est à présumer, si cette organisation jugée anomale devient redevable aux efforts et à la sagacité de Meyranx, de cesser d'être inextricable. Du moins s'il reste avéré qu'il ait découvert chez ces animaux à coquilles un principe d'enroulement des systèmes organiques, quel titre de gloire ? Cet enroulement aurait été facilité et définitivement causé en vertu de l'absence d'une charpente solide, laquelle ailleurs sert de barrière infranchissable à l'empiètement des divers organes. Toute colonne épinière maintient en effet sur ses flancs chaque système et ses détails à leur place accoutumée.

Cette idée ingénieuse, nouvelle et sans doute séduisante, était-ce là *la raison nécessaire* d'un déguisement plus pour les yeux du corps que pour ceux de l'esprit, d'un déguisement des formes ordinaires et linéaires propres à la charpente des grands animaux. Cette vue, Meyranx la poursuit dans ses développements avec une foi vive et persévérante; il en recherche les applications avec l'énergie d'une conviction qui caractérise la marche du génie; jusqu'à ce qu'enfin une autre et réactionnaire influence de son caractère, la timidité morale de son esprit, lui fasse craindre de s'être engagé dans des pensées trop audacieuses et de nature à lui aliéner la bienveillance du puissant chef d'école en zoologie de son temps. Il blessera, et il s'en effraye, cet illustre maître qui en 1796 avait dit et pensé tout autrement que lui touchant l'organisation des mollusques. Ainsi Meyranx conçoit de nouvelles combinaisons qu'il n'ose suffisamment produire. Cependant le voilà plus résolu depuis qu'il est informé que le premier germe de ses pensées a fourni à l'activité du vaste génie d'Ampère un ample développement à de principales idées concernant les lois organiques, et qu'il connaît aussi ma tendance à croire à l'efficacité de ses recherches. Il apporte enfin à l'Académie son Mémoire, qu'il dit être le résultat des travaux communs de Meyranx et Laurencet, quand celui-ci n'avait que consenti à partager la faveur ou la disgrace de l'écrit. Or tout cela était compris, du moins était bien connu des commissaires de l'Académie.

Cependant le souvenir de l'apport de cet écrit restera dans les annales de la science, dès qu'à l'occasion de ce Mémoire, une lutte vive s'est engagée au sein de l'Académie entre les deux écoles aux principes opposés.

L'hésitation trop prolongée et la vie trop courte de Meyranx ont eu pour résultats que l'œuvre scientifique de cet ingénieux et savant naturaliste reste tout entière dans ses manuscrits, lesquels il allait publier : nombreux et très importants, les pourra-t-on mettre en ordre et en projeter les lumières dans les fastes de la science ? Il a réglé que quelques-uns me fussent confiés ; dépôt sacré, dont je chercherai à me rendre digne, en ne les acceptant qu'inventoriés et en les consacrant à l'utilité publique, par une fidèle remise à la bibliothèque de l'Arsenal.

Meyranx était sans parents dans la capitale, et presque sans relations. Toutefois la Providence lui tenait en réserve de bien douces consolations pour le moment de sa longue et douloureuse maladie. Un ange de bonté, madame***, femme gracieuse et distinguée, que j'ai rencontrée chez lui et reconnue, venait surveiller et aider deux gardes placées auprès de lui par ses soins; cette dame a quitté de somptueuses demeures et une famille adorée pour se faire l'officieuse fille de charité du pauvre Meyranx; et je rappelle en ce moment ces généreux efforts, parcequ'ils furent mérités par l'excellence du cœur de notre ami, et qu'ils nous autorisent à dire que nos derniers adieux s'adressent à la fois à un homme de bien comme à un martyr, victime à tous égards de sa conviction et de ses travaux scientifiques.

P. S. *Qu'on veuille bien prendre la peine de consulter mon livre*, Principes de philosophie zoologique; il y est *fait mention des écrits, de leurs développements*, et spécialement du MÉMOIRE *que Meyranx avait soumis au jugement de l'Académie des sciences.*

GEOFFROY SAINT-HILAIRE.

LATREILLE.

LATREILLE.

DISCOURS PRONONCÉ A SES FUNÉRAILLES

LE 8 FÉVRIER 1833.

Messieurs,

De l'ami, de l'émule, de l'illustre collègue des Lacépède, des Lamarck, des Cuvier, il ne nous reste plus que cette cendre placée déja dans ces tombes, où sont venues aboutir tant de grandeurs intellectuelles. M. Latreille, enlevé aux sciences zoologiques qu'il éclaira pendant tant d'années des lumières d'un esprit vraiment supérieur, laisse parmi nous un vide immense, irréparable ; car la prééminence du rang n'est pas une faveur que la fortune accorde deux fois au même pays dans le même siècle. Ce premier rang parmi les entomologistes de notre âge, Fabricius, comme un autre Élie, en avait de son vivant investi l'héritier de son talent; j'ai entendu de la bouche même du professeur de Kiel cette solennelle désignation; et cette proclamation de la supériorité de mon vénérable ami, M. Latreille, accueillie par l'assentiment universel de l'Europe savante, a fait le charme de la seconde moitié de cette vie si pleine et si utilement laborieuse. Car de vous, mes collègues de la Société entomologique, que je viens de voir[1] si affectueux et si ardents dans le témoignage de votre douleur filiale, combien lui ont été doux les justes hommages dont vous avez entouré ses derniers jours ! Ce cœur délicieusement impressionné par les soins de l'amitié, vous l'avez comblé d'un bonheur vraiment ineffable, quand, au commencement de l'année dernière,

---

[1] Le cercueil fut, lors de la présentation à l'église et dans la longue avenue du cimetière de l'Est, porté par les membres de la Société entomologique.

vous vous êtes formés sous son honorable patro-
nage, quand, vous pressant en fils tendres et
dévoués autour de votre *président d'honneur*,
vous avez avec tant d'abandon et de respect
réclamé sa haute direction.

A ce moment de douleur, de regrets et de
derniers hommages, on se demande quel dut être
le commencement de cette vie dont les souvenirs appartiennent désormais à l'histoire des
sciences. M. Latreille fut-il appelé à se parer
de l'illustration de ses pères, ou dut-il se créer
les titres d'une gloire nouvelle? Lui-même a
écrit que le sort l'avait voué, dès sa naissance,
à l'infortune et à l'obscurité, et il s'est expliqué
ses premiers succès par l'action tutélaire de la
Providence, qui lui ménagea si heureusement
des amis dévoués et d'utiles protecteurs. Nous
savons en effet que la grace de ses manières en-
fantines fixa sur lui l'attention et lui concilia la
bienveillance de quelques généreux citoyens de
Brives, sa patrie. M. Laroche [1], habile méde-

---

[1] Un héritier du nom et des sentiments de M. Laroche était présent aux funérailles.

cin, et sa famille, prirent un soin religieux du
jeune orphelin, et à leur exemple, un négociant
de Brives (nommons ce Mécène plein de tact et
de bonté), M. Malepeyre, lui accorda le plus
tendre intérêt : il lui prêta des livres d'histoire
naturelle, et ne cessa d'encourager et de seconder le goût naissant que son jeune ami montrait
déja pour la science qui devait l'illustrer un jour.
Honneur à cet homme de bien! Peut-être, sans
sa douce et utile bienveillance, la France n'eût
point eu à s'honorer du premier de ses entomologistes !

Parvenu à la fin de ses études littéraires,
M. Latreille fut destiné à l'état ecclésiastique :
on espérait lui procurer les avantages d'une profession calme et paisible : on ne fit que le livrer
aux persécutions de la Terreur. Arrêté à Brives,
M. Latreille fut dirigé sur les prisons de Bordeaux, et là, condamné, lui soixante-treizième,
à la déportation. Accablé sous le poids des mêmes infortunes que l'illustre Haüy, avec lequel
il s'était rencontré à Paris et lié d'amitié, la
science et ses consolations devinrent pareillement ses voies de salut.

Le médecin des prisons de Bordeaux s'étonne un jour de voir un prisonnier absorbé dans la contemplation d'un insecte, quand sa tête est menacée. *C'est un insecte très rare*, répond M. Latreille, aux questions que ce médecin lui adresse. L'insecte est demandé et obtenu pour un naturaliste de Bordeaux, alors jeune homme d'une très grande espérance, aujourd'hui notre confrère, M. Bory de Saint-Vincent. Celui-ci, flatté de tenir ce don d'un entomologiste dont le nom était déja connu par d'honorables travaux, s'impose le devoir de soustraire M. Latreille au danger qui le menace, et bientôt il a le bonheur de voir ses démarches, et celles de leur ami commun, Dargélas, couronnées du plus heureux succès : Latreille est rendu à la liberté et à la science ! On frémit, en pensant qu'un mois plus tard il pouvait périr avec ses compagnons d'infortune, déportés et ensevelis dans les flots de la Gironde. Miraculeuse délivrance, si on la rapporte à sa cause, la rencontre fortuite d'un insecte [1], cir-

----

[1] Le *Nécrobie à collier roux*, très petit coléoptère que

constance dont notre illustre confrère a depuis
consacré le souvenir dans le plus important de ses
ouvrages, *Genera Crustaceorum et Insectorum.*

Une vie si long-temps agitée trouva enfin
à se fixer paisible et heureuse dans les travaux
littéraires. Je me garderai bien de dire ici quelles
en furent l'étendue et la haute importance : que
pourrais-je apprendre à ceux qui m'écoutent,

Linné rangea d'abord, à cause de ses habitudes,
parmi les *Dermestes*, mais qu'Illiger, adoptant les vues
de détermination de Paykull et de Fabricius, proposa
de maintenir dans le genre *Corynecte*. Cependant Latreille avait jugé à propos d'en détacher trois espèces,
dont il fit son genre *Nécrobie*, exprimant par ce nom
que ces petits coléoptères *vivent de la mort*, ou voulant
du moins consacrer par cette étymologie qu'on les
trouve ordinairement sur des cadavres.

La plupart des Entomologistes de la France conservent, dans une place privilégiée de leurs collections,
en souvenir de son bienfait, l'insecte de la prison de
Bordeaux, le Nécrobie-Latreille ; et comme si cela
n'était point assez pour l'élan de leurs cœurs, une
inscription apprend qu'ils ont demandé et qu'il leur a
été accordé de tenir des mains mêmes de leur honoré
maître l'individu consacré à la commémoration d'un
aussi miraculeux événement.

sur ces écrits devenus classiques pour l'étude de
la science, dont M. Latreille a si long‑temps
tenu le sceptre. Leur nombre en 1822 [1] surpassait déja quatre-vingts, et depuis cette époque
combien d'autres travaux, toujours dignes du
nom de leur auteur [2], sont venus s'ajouter à ces
titres ; parmi lesquels je citerai seulement sa
coopération au *Règne animal*, deux volumes
dont M. Cuvier avait su enrichir sa monumentale conception.

Cependant ce n'était point encore assez de
tous ces travaux entomologiques pour occuper

[1] Le *Dictionnaire de Biographie médicale*, au mot *Latreille*, contient un excellent article bibliographique de
tous les écrits de ce savant académicien, jusques et y
compris l'année 1822.

[2] Se flattant d'en imposer à ses douleurs par le charme
de l'étude, Latreille corrigeait encore, au commencement de cette semaine, les épreuves de son dernier ouvrage : *Description d'un nouveau genre de Crustacés*, qu'il a
nommé *Prosopistôme*. Cet article doit paraître très prochainement, avec la cinquième livraison des *Nouvelles
Annales du Muséum d'Histoire naturelle*, dont il fait
partie.

l'infatigable activité de M. Latreille : ses *Recherches sur le premier âge du monde et l'accord des théogonies phénicienne et égyptienne avec la Genèse*, sa *Dissertation sur l'Expédition du consul Suétone Paulin en Afrique*, ses *Considérations sur l'Atlantide de Platon*, enfin ses *Vues sur l'Origine du système métrique dans l'Antiquité et sur quelques points de géographie ancienne*, donneraient à M. Latreille des droits au titre de l'un de nos savants les plus distingués, alors même que l'Entomologie n'aurait pas déja placé son nom au-dessus de tous les noms contemporains.

La société sut honorer des services aussi éminents. Notre collègue arriva à tous les emplois élevés de la spécialité où il s'est illustré : membre depuis 1810 de l'Académie des sciences, professeur d'entomologie au Muséum d'histoire naturelle, presque toutes les Académies de l'Europe s'empressèrent aussi de s'associer ce naturaliste éminent, consulté et vénéré par les zoologistes de tous les pays, comme le législateur de l'entomologie.

Ses manières simples et toujours bienveillantes lui gagnaient les cœurs de tous ceux qui l'approchaient, et c'était sa plus douce jouissance que de recevoir des témoignages vrais d'affection, et de pouvoir lui-même donner cours aux émotions vives et tendres de son ame; la violence des dernières douleurs ne faisait elle-même qu'exalter en lui son ardeur d'amitié et ses sentiments de père de famille pour ses enfants adoptifs [1], dont les soins touchants et le tendre dévouement ont su adoucir ses dernières heures.

Adieu, mon savant et vertueux confrère! adieu, le plus ancien de mes amis! Votre nom vivra dans nos souvenirs avec ceux de Lamarck, de Cuvier, dont vous avez été si long-temps le digne collaborateur, avec ceux de Réaumur et de Fabricius, à la gloire desquels vous associera la voix équitable de la postérité, confirmant ainsi un jugement que vous avez eu le bonheur d'entendre vous-même prononcer de votre vivant.

GEOFFROY SAINT-HILAIRE.

----

[1] M. et Mᵉ Valade-Gabel, ses neveu et nièce.

FRAGMENTS
BIOGRAPHIQUES.

SECONDE PARTIE.

FRAGMENTS
BIOGRAPHIQUES.

SECONDE PARTIE.

DOCUMENTS BIOGRAPHIQUES ET PHILOSOPHIQUES,

RECUEILLIS SOUS LE POINT DE VUE DES THÉORIES DE L'UNITÉ

DE COMPOSITION ORGANIQUE;

OU PRÉCIS

DES PRINCIPES DE LA NOUVELLE ÉCOLE, DONT LINNÉ,

DANS SES *PROLEPSIS*, BUFFON ET GOETHE,

SONT LES ILLUSTRES CHEFS.

DOCUMENTS BIOGRAPHIQUES ET PHILOSOPHIQUES.

Le précis suivant de recherches fut entrepris par le savant publiciste JEAN REYNAUD, l'un des deux principaux rédacteurs de la vaste entreprise l'ENCYCLOPÉDIE NOUVELLE. Le but de ce gracieux et fécond écrivain fut de faire ressortir la direction présentement imprimée, par *Geoffroy-Saint-Hilaire*, aux Théories de l'animalité, que ce naturaliste a conçues et qu'il poursuit par ses études constamment progressives, dans des circonstances et sous des formes bien diverses.

Cette notice a été publiée dans un des recueils de biographies contemporaines qui paraissent aujourd'hui. Au nombre des motifs allégués quelque part par M. Reynaud, est le regret de n'avoir point complété son travail par un exposé du caractère primitif et du sentiment des découvertes ; regret dont il s'adoucit le fâcheux inconvénient en demandant avec instance qu'il y fût pourvu un jour dans le cas d'une réimpression.

Pour montrer l'utilité de cette mesure, *M. Reynaud* insistait particulièrement sur l'exemple fourni par les Œuvres de Buffon, et celles d'autres novateurs que des réserves de modestie empêchèrent d'éclairer suffisamment l'histoire sur les mouvements de l'esprit humain dans la marche de nos inventions. Buffon, qui nous laissa ignorer sa confiance et sa foi vive en ses théories des *faits nécessaires,* et les ressources puissantes qu'il trouvait dans l'emploi d'aussi belles inspirations, a, par cela seul, peut-être retardé d'un siècle l'émancipation du genre humain, comme progrès des sciences naturelles et dont cependant il devait renouveler les conditions premières.

Ainsi je comprends le mérite des remarques de *M. Reynaud,* et l'utilité de se régler sur ses avis. Mais une difficulté vient m'arrêter : car s'il est bien vrai que ce serait rendre service à de jeunes intelligences livrées à des études d'histoire naturelle, et pouvant y procéder par le développement d'un surcroît d'instruction, ne serait-ce point aussi s'engager dans des voies fâcheuses, *fatales* à qui cette

conduite serait recommandée et demandée. Il est
dans le morceau à reproduire afin d'en donner le
commentaire instructif; il est, dis-je, dans ce morceau à reproduire un caractère *laudatif* pour soi,
dont il faut principalement redouter l'éclat de fâcheuses insinuations et les allusions nettement pré-
cisées. Car que d'esprits sont disposés à de jalouses
pensées, et à saisir l'à-propos d'une incrimination
possible sur le plus frivole prétexte.

Mais de tels actes de pusillanimité m'arrêteraient!
décidément non. J'en viendrais ainsi à oublier le
vif sentiment qui m'anime, en plaçant en tête de
mes écrits l'épigraphe *utilitati!* Non, certes. Cet
exergue m'éclaire; et ne serait-ce qu'une preuve de
plus à propos de mon caractère dévoué, je prends
plaisir à accepter les inconvénients de cette situation équivoque vis-à-vis de qui penserait à m'adresser un tel reproche.

Ainsi c'est le *thème* nouveau que, sous le titre
d'un *Corps d'annotations explicatives*, et à l'occasion
du texte et de l'ensemble qui suivent, je songe à
produire, et dont je pense à faire une 3ᵉ partie de
cet ouvrage. Or qu'il y ait utilité de donner cette
addition, je n'hésiterai point à l'entreprendre.

M. Geoffroy Saint-Hilaire (*Etienne*), est né à Étampes, le 15 avril 1772[1].

Destiné par sa famille à l'état ecclésiastique, il vint de bonne heure à Paris, pour y suivre dans cette intention le cours de ses études. Mais placé au collége de Navarre, où Brisson professait alors la physique, il ne tarda pas à sentir naître dans son esprit, par l'influence des leçons de ce savant professeur, la vocation qui le portait aux sciences naturelles. Quittant donc la vaine théologie de l'Église, il résolut, au sortir de son collége, de se donner tout

---

[1] Cette notice biographique fut faite dans les formes reçues pour ces sortes de composition : or ce n'est qu'ainsi formulées qu'elles pouvaient être rangées dans des ouvrages contemporains du genre.

Nos profonds philosophes de l'Encyclopédie nouvelle contribuaient par ce mode à étudier le caractère de l'Humanité dans toutes ses transformations : mais d'un goût sévère autant que judicieux, ils ne s'occupaient que de célébrités ultra-tombe. Toutefois quand des rameaux de leur école philosophique allaient exagérer les sentiments d'un spiritualisme sage et réservé, faire secte à part et agir dans la vue des partis politiques de la société, ils combattaient ouvertement.

entier à la science. La connaissance d'Haüy et de
Daubenton l'avait d'abord tourné vers la minéralogie, et sans une circonstance indépendante
de sa prévision, il est probable qu'il y serait demeuré fidèlement attaché. Ayant eu le bonheur
de pouvoir s'employer activement pour tirer de
prison Haüy, qui, incarcéré à la suite des événements du mois d'août 1792, avait été promptement libéré sur une demande de l'Académie, le
réclamant comme utile aux sciences, le jeune
Geoffroy, protégé à son tour par celui qu'il venait de sauver, avait été, sur sa recommanda-

---

C'est ce qu'éprouvèrent aussitôt les écrivains de l'*Européen*, du moment qu'ils eurent suscité un jeune Anglais, leur séide, à écrire dans le *Dictionnaire de la
Conversation*, et à y venir traiter, sous une certaine
couleur, les questions platoniques sur la nature des
choses, du moins comme à l'occasion de la *Biographie
Geoffroy Saint-Hilaire* ils les avaient posées.

Car ce fut pour réprimer l'excès de ce zèle, ayant été
aperçu chez eux comme un grand défaut de jugement
et de savoir réel, qu'avait été rédigée la présente notice.
Une bienveillance personnelle à moi préoccupait moins
ces esprits généreux qu'une vue de progrès continu dans
le savoir de l'humanité. (G. S.-H.)

tion, nommé sous-garde et démonstrateur du
Cabinet d'histoire naturelle. Il se trouvait depuis
peu dans cette position lorsque la Convention,
par son décret du 10 juin 1793, qui transformait
le Jardin-des-Plantes en un cercle de haut enseignement, vint inopinément lui ouvrir une
carrière nouvelle. D'après ce décret, douze professeurs, attachés à l'établissement, devaient y
faire un ensemble de leçons sur toutes les branches de l'histoire naturelle : tout était à improvi-
ser; mais le gouvernement de cette époque, qui
avait su tirer en un clin-d'œil du sein du peuple
une administration et une armée, était habitué
aux miracles. Le jeune Geoffroy, qui n'avait
encore que vingt-un ans, et qui ne s'était guère
occupé que de minéralogie, se vit chargé de
l'enseignement de l'histoire naturelle des animaux vertébrés. Doutant de lui-même et de sa
force, il voulait refuser; Daubenton le contrai-
gnit à accepter. « J'ai sur vous l'autorité d'un
père, lui dit-il, et je prends sur moi la responsabilité de l'événement. Nul n'a encore enseigné
à Paris la zoologie : tout est à créer. Osez entreprendre, et faites que dans vingt ans on puisse

dire : « La zoologie est une science, et une science
toute française. »

Ces paroles sont grandes et on pourrait presque les dire prophétiques. Elles forment le point
de départ de M. Geoffroy, et toute sa carrière
a été dignement consacrée à leur faire honneur.
Du sein de ce Muséum, né d'une parole de la
Convention, sortirent, en effet, comme d'un seul
jet, tous ces perfectionnements des sciences naturelles qui ont été pour la France la source de
tant de gloire. Rappelons seulement les noms
des hommes, obscurs alors pour la plupart, mais
bien illustres plus tard, que M. Geoffroy eut dès
l'origine pour collègues : Daubenton, Desfon-
taines, Dolomieu, Fourcroy, Haüy, de Jussieu,

---

[1] Le Jardin-des-Plantes se ressentit, en 1793, du mouvement des esprits et participa au bienfait du renouvellement des idées sociales. La Convention nationale et
Lakanal son organe, lui appliquèrent la pensée dominante alors, les vues unitaires et philosophiques qui
lui manquaient encore : l'établissement fut proclamé
MUSÉUM D'HISTOIRE NATURELLE. Il fut dès-lors spécialement affecté aux études comparatives et synthétiques
de l'univers terrestre : c'est tout le savoir de Buffon,
qui fut repris et coordonné législativement. (G. S.-H.)

Lacépède, de Lamarck, Latreille, Thouin, Vauquelin. Cette nomenclature suffit. Quant à
M. Cuvier, humble et ignoré, il était en ce temps-
là instituteur dans une campagne de Normandie. Ce fut M. Geoffroy qui, mis par quelques
circonstances sur la trace de son mérite, devint
l'auteur de sa fortune ; ayant reçu de lui un manuscrit sur l'anatomie de certains mollusques
assez communs sur les côtes de Normandie, et
frappé du tour élevé de ce travail : « Venez vite
à Paris, s'empressa-t-il de lui écrire, venez parmi nous remplir le rôle d'un nouveau Linné. »
On aime à se reporter à cette époque toute
d'enthousiasme, et où tant de générosité régnait
dans tous les cœurs ! Dans un Mémoire adressé
par un inconnu à son examen, le jeune professeur venait de découvrir un rival, et loin de
vouloir laisser ce rival dans l'ombre, il se hâtait
de l'appeler à lui pour l'associer aux avantages
dont il jouissait lui-même au centre des collections nationales. Pendant deux ans, 1795 et 1796,
les deux jeunes savants vécurent ensemble,
partageant le même toit, la même table, les
mêmes divertissements, les mêmes études ;

leurs travaux étaient préparés de compagnie et signés en commun. M. Cuvier, activement produit dans le monde savant, avait été nommé professeur-adjoint d'anatomie comparée.

La campagne d'Égypte vint séparer les deux amis : M. Cuvier, par des motifs de prudence que quelques-uns de ses biographes (*Dict. de la Conversation*) ont osé louer, refusa de s'y engager; M. Geoffroy, plus enthousiaste, séduit par la majesté de l'Orient et les souvenirs de l'antique Memphis, laissant volontiers les froides dépouilles des galeries anatomiques pour se lancer à la conquête de l'inconnu, se jeta, en compagnie de tant d'autres illustres savants, sur les pas du jeune Bonaparte. Il eut donc la gloire de visiter l'Égypte; et cette circonstance ne fut pas sans influence sur le reste de sa vie, car ayant été amené par elle à s'occuper particulièrement de l'organisation des crocodiles, il se trouva ainsi, dès son début, amené à la source de l'une des études les plus curieuses et les plus profitables qu'il ait faites [1]. Jeune, doué d'activité,

---

[1] Je m'en suis toute ma vie occupé ; mais d'après le

d'énergie et de persévérance, il contribua puissamment aux succès scientifiques de cette expédition fameuse. Ce fut même à sa vivacité et à
son courage que l'on dut la conservation de ces
précieux manuscrits et de ces travaux de toute
espèce qui sont devenus la base du grand ouvrage sur l'Égypte.

---

tour nouveau que je donne à cette considération,
c'est la thèse la plus vaste et la plus piquante de l'animalité.

Par le degré *animal-reptile*, voilà l'organisation zoologique déja parvenue à la condition moyenne des développements et de la puissance de l'animalité : cet état de
choses appartenait aux âges des zones torrides les plus
ardentes ; c'était un produit *maximum* de tout le développement possible pour le degré de ce système organique. Telle est l'instruction que vient de me révéler la
connaissance du grand crocodilien des terrains oóli-
thiques du voisinage de Caen. Ce crocodilien fossile
est un analogue du *megalosaurus* découvert en Angleterre par le révérend et illustre professeur Buckland,
si ce n'est pour l'espèce, du moins pour le genre.
Viennent ensuite, dans cette famille, ces antiques reptiles que j'ai déterminés et nommés, à l'époque de
mes premières recherches, Teleosaurus, Stencosau-
rus, etc., etc. Ceci aperçu, quel avenir et quel accroissement pour les études de l'homme !! (G. S.-H.)

La commission scientifique, réfugiée à Alexandrie et livrée à l'ennemi par un article formel de la capitulation, allait tomber entre les mains des Anglais avec toutes ses richesses; un littérateur anglais, M. Hamilton, fondé de pouvoirs par le général en chef, insistait près de nos savants pour qu'on lui fît remise sans délai de tous les matériaux amassés par eux avec tant de peine, et ceux-ci, intimidés et ne sachant comment faire résistance à la force, allaient peut-être céder, lorsque le jeune Geoffroy, entraîné par son indignation, et cette généreuse colère qui est souvent une puissance à laquelle les forts eux-mêmes ne résistent pas, décida soudain la victoire en osant apostropher l'Angleterre au nom du droit des gens et de l'humanité : « Dans deux jours, dit-il « à l'Anglais, vos baïonnettes entreront dans la « place : dans deux jours nous vous livrerons nos « personnes. Mais d'ici là ce que vous exigez aura « cessé d'exister; votre odieuse spoliation ne « s'accomplira jamais! Nous brûlerons nous-« mêmes nos richesses. C'est de la célébrité que « vous voulez? Eh bien! comptez sur les souve-« nirs de l'histoire : vous aussi, vous aurez brûlé

« une bibliothèque d'Alexandrie. » Les collections furent donc sauvées, et le grand ouvrage
sur l'Égypte, seul monument de cette expédition
glorieuse, put recevoir son exécution. Il n'y a pas
une relation de la campagne d'Égypte qui n'ait
hautement reconnu le service immense rendu à
la France par M. Geoffroy dans cette occasion [1].

---

[1] Par moi seul? oh! non. Je réclame en faveur de
mes deux savants et honorés confrères : voici les souvenirs de l'histoire.

« Le général anglais répondit durement que la capitulation recevrait son entière exécution, et que rien de
ce qui était exigé des savants et des artistes ne pourrait
être distrait. Cette décision étonna, mais ne découragea
point les membres de la commission : voyant que l'intervention du général Menou n'avait produit aucun
effet, ils résolurent de négocier pour eux-mêmes et dé-
putèrent vis-à-vis le général anglais le naturaliste
Geoffroy Saint-Hilaire, son collègue *Savigny*, et le
botaniste *Delille*. Ces savants déclarèrent courageusement que la violence qu'on voulait leur faire était contraire aux lois et aux usages des nations civilisées et
qu'ils n'y céderaient jamais; que si les Anglais persis-
taient à vouloir s'emparer de ce qui était leur propriété
particulière, ils jetteraient à la mer le fruit de quatre
années de travaux, et que, de retour dans leur patrie,
ils instruiraient l'Europe entière d'un acte barbare qui

En 1808, M. Geoffroy quitta de nouveau la
France, chargé par Napoléon, qui avait su l'apprécier dans ses relations avec lui lors de la
campagne d'Égypte, d'aller organiser l'instruction publique en Portugal. Il partit, et voulant
rendre sa mission également profitable à la
France et au pays qu'il allait visiter, il eut l'attention d'emporter avec lui des collections d'é-
chantillons qui se trouvaient en double dans nos
galeries, et qu'il espérait échanger en Portugal
contre des richesses faisant au contraire lacune
parmi les nôtres. Ce soin fut récompensé par
tout le succès désirable ; et des voyageurs qui
ont visité le Portugal depuis 1815 nous ont appris par des récits rendus publics combien sont
durables les sentiments de gratitude que notre
savant envoyé a su inspirer dans ce pays pour
la France. Il est glorieux pour une nation de ne
profiter de sa toute-puissance que pour établir

---

priverait le monde civilisé d'objets précieux, à jamais
perdus pour la postérité. »

Victoires et Conquêtes, *tome* 20, *pages* 114 *et* 115 ;
puis dans le même volume sont d'autres détails, p. 332.

l'équité et faire bénir sa bienfaisance parmi ses inférieurs [1].

M. Geoffroy, tout en enrichissant le Portugal de ses dons et de ses conseils, était parvenu à réunir une fort précieuse collection, lorsque le traité d'évacuation du Portugal vint de nouveau le mettre en présence des Anglais dans la même position où il s'était déjà vu en Égypte. Lord

---

[1] Tous les glorieux souvenirs de ce paragraphe, sont narrés et consacrés historiquement dans un livre : COUP D'OEIL SUR LISBONNE ET MADRID, en 1814 ; dans une publication d'un auditeur au conseil-d'état, ancien intendant de la ville et du territoire de Sarragosse, en Espagne : M. D'HAUTEFORT, étant l'auteur de cette production.

M. d'Hautefort, rentré en France après nos désastres et y étant revenu avec le corps d'armée du duc d'Albuféra, retourna, par la voie de la mer et de l'Angleterre, dans la Péninsule. Il y voulut aller chercher de hauts témoignages de sa noble conduite ; et c'est à Lisbonne qu'il arriva d'abord, et qu'il y entendit parler honorablement du Commissaire de l'empereur, ayant eu dans cette ville une mission d'Histoire Naturelle. C'est pour moi une bien douce récompense que les circonstances et les détails dans lesquels s'arrête et se complaît M. d'Hautefort, ainsi *oublieux* de ses propres intérêts, pour ne se montrer sensible qu'à la gloire de la France. G. S.-H.

Proby et le général Beresford avaient déclaré
qu'ils ne rempliraient les conditions du traité que
lorsque les collections leur auraient été remises,
et le duc d'Abrantès s'était rendu sans trop de
résistance à leur demande. Mais M. Geoffroy
eut encore cette fois le mérite de sauver un bien
loyalement acquis à son pays : les conservateurs
du musée d'Ajuda vinrent déclarer que ces
collections appartenaient en propre à M. Geoffroy ; qu'il les avait payées par les minéraux
dont il avait enrichi les collections portugaises,
et par les soins de toute espèce qu'il leur avait
donnés ; et les commissaires anglais, insistant
pour que quatre caisses au moins leur fussent remises en manière de tribut, M. Geoffroy, par
une adroite supercherie et qui n'aurait pu être
funeste qu'à lui-même, trouva moyen de laisser
entre leurs mains des caisses peu importantes et
ne renfermant que des objets qui lui appartenaient en propre. En 1815, lorsque les puissan-
ces coalisées pillèrent, au mépris du droit des
gens et de l'aveu des Bourbons, nos admirables
musées, M. de Richelieu écrivit au ministre du
Portugal qu'on était prêt à lui restituer la col-

lection apportée par M. Geoffroy ; mais le ministre portugais, loin de vouloir profiter de la condescendance du ministre de la Restauration, répondit avec dignité : « Nous ne réclamons ni « ne devons rien réclamer ; une convention a eu « lieu entre M. Geoffroy et le général Beresford « et milord Proby, en présence de l'académie « de Lisbonne et des conservateurs d'Ajuda. Les « commissaires de l'académie et les conserva- « teurs ont fait considérer que M. Geoffroy « s'était refusé à user de l'autorité qu'il avait « obtenue pour choisir des objets uniques, qu'il « avait seulement demandé des doubles, et que « ce qu'il avait reçu lui avait été remis en échange « d'objets rares et inconnus dans le Portugal, qu'il « avait apportés de Paris, et à cause des soins qu'il « s'était donnés pour ranger et étiqueter les col- « lections laissées à Ajuda, où il était manifeste « qu'on n'apercevait aucune lacune. » Parmi les pièces diplomatiques de 1815, il en est bien peu d'aussi honorables pour la France que celle-ci.

M. Geoffroy fut un des premiers savants dé- corés par Napoléon de l'ordre de la Légion-d'Honneur. Nommé en 1807 membre de l'Institut, puis successivement associé de l'Académie de médecine et de la plupart des institutions scientifiques de l'Europe, il a consacré sa vie au perfectionnement et à l'enseignement de la zoologie. Il occupe toujours au Muséum la chaire que lui a donnée la Convention en 1793, et y expose la philosophie zoologique. Chargé sous l'Empire d'un cours analogue à la faculté des sciences, il y fait des leçons de philosophie anatomique, qui sous la Restauration ont été jugées d'une grande hardiesse et n'ont pas valu à leur auteur beaucoup de bienveillance de la part du gouvernement de cette triste époque. Ce n'est pas que M. Geoffroy se soit jamais prononcé d'une manière bien tranchée en politique. Pendant les Cent-Jours, il a figuré un instant à la chambre des représentants, mais il n'a fait sous le règne des Bourbons aucun effort pour y reparaître. « Je ne pouvais me plaire et me tenir « aux fonctions de député, disait-il en 1831, aux « électeurs du collége d'Etampes, ses anciens « commettants de 1815, en se présentant de « nouveau devant eux, que pendant la lutte, et

« tant qu'il était question d'organiser la France
« pour la liberté et de défendre l'indépendance
« nationale. A chacun sa position selon les temps.
« Je retournai à la culture des sciences, autre
« manière pour moi et selon moi de se rendre
« utile à la société, même dans l'intérêt de la lé-
« gislation ; car des études philosophiques n'en-
« traînent point la pensée dans plus d'étendue
« sans ajouter au domaine de l'esprit humain,
« et sans que ce peu de savoir de plus ne de-
« vienne un germe et ne soit la source d'un per-
« fectionnement moral. » On peut donc regarder
la carrière de M. Geoffroy, même dans la politique, comme diamétralement opposée à celle
de son célèbre rival M. Cuvier, l'un des orateurs
habitués du gouvernement sous la Restauration,
et l'un des savants qui se sont le plus constamment efforcés de mettre les déductions de la
science au service des anciennes croyances du
genre humain.

Les ouvrages de M. Geoffroy, bien qu'extrê-
mement nombreux, sont cependant peu connus
du public, parcequ'ils sont presque tous rédigés
en vue des savants spéciaux et non point en vue

d'une dissémination élémentaire. Outre cela, il en est fort peu qui fassent corps d'ouvrage, et ils se réduisent généralement à des mémoires détachés sur des points de doctrine et d'observation particulière, et publiés isolément à divers intervalles ou disséminés dans des recueils scientifiques. Le goût des sciences naturelles n'est point encore assez universellement répandu pour qu'une édition complète des œuvres de M. Geoffroy, édition que son fils, membre de l'Institut comme lui, est sans doute destiné à faire un jour, pût être dès aujourd'hui utilement produite. Nous croyons précisément à cause de cela être utile à nos lecteurs en essayant de leur donner ici une idée de ces puissants travaux.

Il est remarquable que presque tous les ouvrages de M. Geoffroy, si variés en eux-mêmes, aient cependant pour but, à part un petit nombre d'exceptions, les animaux vertébrés [1]. Cette

---

[1] Je ne voulais pas me répandre au-delà de ce cercle zoologique ; et ce fut un continuel sujet de dissentiment entre les deux jeunes naturalistes de 1795 travaillant en commun, que l'un courût en hâte d'une famille à la

circonstance tient à la nature même de ses études, que les divers travaux dont il a dû s'occuper ont constamment dirigées vers cette partie. Chargé dès l'origine dans l'établissement du Muséum des animaux vertébrés; pendant l'expédition d'Égypte, des recherches des vertébrés; et après le retour, de la description de ces mêmes espèces dans le grand ouvrage d'Égypte; plus tard enfin du cours d'anatomie de la faculté

---

suivante, et que l'autre restât volontiers cantonné dans des études approfondies de leurs premiers sujets d'examen.

Il en résultait pour moi, le tardif observateur, que sans système préconçu à cet égard, je me laissai prévenir, envahir j'oserai dire, par de soudaines inspirations, dont l'exigence pour être examinées venait de nouveau me saisir. Je fus toute ma vie l'homme de ces *a priori*, dont ce devint d'abord la mode de me plaindre, puis de m'entreprendre sur d'aussi fâcheuses habitudes, dont on s'exagérait les inconvénients et dont on blâmait à outrance les applications.

Mes amis exigent que je leur trace cet historique dont ils augurent beaucoup comme révélations des formes de l'esprit inventeur; et ma réponse à leur appel deviendra le principal article de mon corps *d'annotations explicatives*, par lequel je terminerai mon ouvrage.

Ainsi je dis à mon ami Latreille : *Vous possédez la*

des sciences : il n'a presque jamais été en position de se consacrer spécialement à l'étude des
animaux invertébrés, et n'a fait qu'ébaucher ce
que lui dictait sur cette partie le cours général
de ses idées.

Les mammifères et les reptiles ont été pour
M. Geoffroy l'objet d'un grand nombre de descriptions disséminées dans plusieurs recueils et
principalement dans le Magasin encyclopédi-

---

*connaissance des détails sur les insectes, répétez à leur
sujet mes travaux de généralisation.* M. Latreille l'avait-il
fait avec succès comme il se le persuadait? — Non, je
fus affligé un soir de le reconnaître, alors que je me
plaçai au lit; j'avais l'esprit frappé qu'il n'en était rien.
Mais dans cette première nuit de janvier 1820, pendant un sommeil calme et non interrompu, toutes mes
idées de la veille se coordonnent en moi : à mon insu
et je puis dire contre mon vœu de quitter le sujet ordinaire de mes études, je découvre et je vois nettement
des yeux de l'esprit tous les rapports analogiques des
séries animales. A mon réveil qui est subit, mes bras
s'agitent violemment, et au même moment je jette ce
cri, ce même cri d'Archimède : JE L'AI TROUVÉ ! Tout se
réveille autour de moi, je n'étais plus maître de mes
esprits; l'on voit mon émoi et l'on s'en effraie.

Qui a fait cela? je n'invente ni n'explique : JE RA-
CONTE.

que et dans les Annales et Mémoires du Muséum; il a aussi publié sur les mammifères un
ouvrage spécial, sous le titre de *Cours de l'histoire naturelle des mammifères.* L'idée de cet
ouvrage, qui malheureusement n'est point terminé, est de mettre en relief, par l'étude directe
des animaux, l'admirable harmonie qui, dans
les plans de la nature, existe constamment entre
les habitudes des êtres et les détails de leur organisation particulière. Quant aux oiseaux et
aux poissons, M. Geoffroy ne s'en est occupé que
subsidiairement. Presque tous ses travaux,
même ses travaux spéciaux, se marient par une
tendance en quelque sorte invincible, à quelque
chose de plus vaste et de plus général qui les
domine; jusqu'à ses monographies, tout est fait
en vue d'un système d'ensemble; et l'on dirait
volontiers, s'il était permis d'employer cette
comparaison, qu'il a pris plaisir dans toutes ses
œuvres à se montrer architecte et non pas sculpteur.

Le seul travail de classification auquel M. Geoffroy se soit livré est celui qu'il a fait paraître en
1795 en commun avec M. Cuvier, sous le titre

de *Nouvelle classification des mammifères*. Cet ouvrage, qui est le premier qui ait commencé à faire connaître dans le monde savant ses deux auteurs, forme encore, sauf quelques perfectionnements, la base de la classification des mammifères adoptée dans toute l'Europe. Mais M. Geoffroy, de plus en plus convaincu par l'observation qu'il est chimérique de prétendre fonder une classification parfaite des animaux, c'est-à-dire de les distribuer en tel ordre que l'organisation générale et les rapports naturels de chacun d'eux soient toujours fidèlement exprimés par le rang qu'il occupe dans la série, a de bonne heure renoncé à ce genre de recherches, dans lequel M. Cuvier a, au contraire, conquis sa principale gloire.

Au lieu de se contenter, à l'exemple des « naturalistes ordinaires », suivant l'expression [1]

---

[1] Cette expression d'une ironie amère et calculée, je l'ai dédaignée : et le 29 mars 1830, j'ai repris avec calme, comme il suit, la lutte que j'ai dû soutenir.

« Je crois de la dignité des sciences de conserver à l'égard des personnes, un ton de décence et des made M. Cuvier, de constater, sans autre but que d'en dresser le tableau, les différences actuelles que présentent les divers êtres lorsqu'on les compare l'un à l'autre, et s'efforçant de pénétrer, au nom de la zoologie, jusqu'à cette grande loi de l'instabilité universelle, pressentie par le génie de Newton, et mise en évidence pour le ciel par les travaux de l'astronomie moderne, M. Geoffroy a consacré quelques travaux, que nous rangeons sans balancer parmi ce qu'il a fait de plus important, à l'étude des variations causées dans l'organisation des espèces animales par la variation des circonstances au milieu desquelles elles vivent. Bacon, dans un passage de sa *Nouvelle Atlantide*, invite les naturalistes à tenter par le secours des expériences la métamorphose des organes des animaux, et à recher-

---

nières d'estime et de bienveillance. Exposé en étendant mes recherches à des chances d'erreur, je suis indulgent pour toute erreur conçue et produite de bonne foi... Devant le public sérieux qui m'écoute et ayant à traiter de choses sérieuses, je serai grave, et non jamais habile..... » G.S.-H.

cher ainsi, en s'appuyant sur l'observation, de
quelle manière les espèces ont pu parvenir à
l'état de diversité et de multiplicité dans lequel et
sous lequel nous les trouvons aujourd'hui. Cette
simple indication est un programme immense.
Elle ouvre à l'avenir de la science des perspec-
tives entièrement nouvelles, et dont les naturalistes anciens n'avaient pas même soupçonné
l'existence. Il ne s'agit plus seulement d'observer et de constater les traits particuliers qui dis-
tinguent les divers êtres les uns des autres, ou de
montrer les rapports d'analogie qui, même dans
ces traits distinctifs, se retrouvent encore, ou
enfin de déterminer le but de toutes ces différences dans les organes; il faut, s'il est possible,
entrer dans le domaine de la philosophie spécu-
lative et remonter aux causes qui ont produit
ces diversités d'organisation. C'est là, sans doute,
une tâche immense et que n'accompliront ni un
homme, ni un siècle. Mais plus la tâche sera
jugée considérable, plus il y aura de gloire
pour ceux qui auront osé s'y entreprendre les
premiers. Il est temps que la science, comprenant la grandeur du rôle qui lui est réservé dans

les sociétés humaines, s'applique à nous ramasser les matériaux nécessaires à l'intelligence de l'œuvre de la création, et nous débarrasse de ces genèses sacerdotales à l'aide desquelles la religion a trop long-temps opprimé l'esprit humain. Il serait bien absurde assurément de prétendre qu'il ne nous est pas permis de changer les bases données à la science il y a deux mille cinq cents ans par Aristote : enfants des temps modernes, nous voyons plus haut que nos pères, et c'est en vain qu'on voudrait chercher à nous abuser par l'autorité des noms pour nous empêcher de marcher en avant. En dépit des anathèmes des naturalistes arriérés, nous avons aussi bien le droit de ne pas penser comme Aristote et de ne pas croire comme Moïse. Tout est révolutionnaire dans le monde, les sciences comme les religions [1].

On retrouve en effet au fond de la lutte entre

---

[1] Ce devint à Paris entre les naturalistes, un sujet de conflits, comme c'était à Londres entre les partis politiques : la société s'y constitua en progressifs et conservateurs. Ordinairement la direction sociale devient le fait du plus considérable d'entre les personnages de la

M. Geoffroy et M. Cuvier les deux principes qui se combattent aujourd'hui partout et dans toutes les directions ; nous voulons dire la philosophie et la théologie. Cette lutte scientifique a fait quelque bruit de nos jours, et comme le public en a généralement ignoré le véritable caractère, il est peut-être utile de lui en donner ici un aperçu.

---

lutte et, sous l'action d'une grande position militante, c'est adjugé à qui va se livrer aux études d'une autre raison d'essence dans les choses : les vainqueurs font aisément à leurs adversaires la réputation de brouillons, d'êtres révolutionnaires. S'il y a parmi les conservateurs, un homme qui accepte par duperie de réglementer les prétendus désordres, alors la victoire est acquise à qui intervient et se pose assez habile pour laisser le fardeau et les dangers d'une lutte délicate à un non-intéressé dans le combat.

Appliquons ceci à ma découverte de la ressemblance philosophique des insectes et des animaux vertébrés.

Je donnai ces rapports le 1ᵉʳ lundi de janvier 1820, à l'Académie des Sciences. Ce jour coïncidait avec un premier dîner ministériel des triomphes politiques de M. Decazes. Le haut banc de l'Institut avait été convoqué, et il arrivait en costume dans les salons. Le ministre, en avant pour les réceptions, de dire, comme propos de bon accueil : *Quelle matière venez-vous de traiter ?*

Suivant la théogonie de Moïse, la création est un acte accompli brusquement, il y a cinq ou six mille ans, par lequel Dieu ayant successivement produit les divers animaux chacun dans son espèce, a donné naissance au monde tel qu'il est présentement : au septième jour Dieu serait rentré dans son repos, laissant les animaux à eux-mêmes pour le soin de la conser-

---

M. de Laplace à la tête du groupe, entendit faire cette réponse : *L'on nous a dit des folies; encore si elles eussent été amusantes !* Laplace en prend chagrin et fronce le sourcil ; mais Hallé qui lui donnait le bras, le rassure et loue l'esprit des nouvelles recherches. La curiosité du ministre n'est que plus excitée. Cependant le premier interlocuteur s'était dérobé et avait déja gagné le troisième salon, celui des sénateurs.

Laplace prit au sérieux le blâme de Cuvier, car c'était notre secrétaire perpétuel qui avait lancé ce propos jovial ; et dans les séances suivantes de l'Académie, voilà Laplace qui se pose devant moi, nouveau Galilée, pour que j'eusse à rendre compte de mes opinions sur la synthèse des sciences, que rejetait M. Cuvier.

Je conservai pour M. de Laplace qui s'était trop généreusement fourvoyé la respectueuse déférence que je devais à son magnifique talent, mais sans quitter le système de défense de Galilée : *e pur si move*. G. S.-H.

vation de leurs espèces. Mais s'il est vrai que la
création ait été, comme l'affirment ces théolo-
giens, un fait soudain et placé en dehors des lois
régulières du monde, les êtres qui naissent aujourd'hui sous nos yeux, ceux qui tour-à-tour
ont paru sous le soleil depuis la mort de ceux
que Dieu avait directement engendrés, toute cette
population qui a couvert la terre dans les siècles
passés, et qui la couvrira dans les siècles futurs,
a dû être nécessairement mise au monde par
Dieu, quoique sous une forme invisible, dans la
fameuse semaine de son travail; c'est une conséquence rigoureuse du système. Aussi les partisans du système ne la refusent-ils pas, et c'est
pour faire face à l'objection fondamentale qu'on
en tire contre eux, qu'ils ont imaginé leur théorie de l'emboîtement des germes. D'après cette
théorie, que de très illustres savants n'ont pas
craint de soutenir, et que la foi les obligeait en
effet à soutenir, chaque être, au moment de sa
création, se trouvait renfermer en lui, envelop-
pés l'un dans l'autre, les germes de tous les êtres
destinés à naître successivement dans sa postérité : ainsi le premier gland portait un germe de

chêne, portant lui-même le germe de tous ses glands, et dans le sein de chacun de ces germes des germes de nouveaux chênes, couverts eux-mêmes de nouveaux glands en germe, et ainsi de suite suivant un emboîtement indéfini : de telle façon que dans le sein du premier gland se trouvaient renfermés tous les chênes que nous voyons aujourd'hui, tous ceux que nos pères ont vu, tous ceux que nos enfants verront.

Il en est de même des animaux, de même de l'homme : Adam portait et représentait le genre humain tout entier. Cela étant, tous les êtres qui se suivent dans la même ligne de génération sont nécessairement semblables : ces êtres sortis tous du même moule sont aussi tous pareils ; toutes ces petites boîtes primitivement ajustées l'une dans l'autre sont taillées sur le même patron. Il n'y a donc plus à chercher la cause pourquoi les êtres sont différents : c'est un fait ; ils sont différents parcequ'il a plu à Dieu le jour de leur création de les créer différents. Il n'y a pas non plus à chercher quelles variations peuvent éprouver les races d'animaux dans leur développement successif : les descendants, quelle que

soit la distance qui les sépare de leur ascendants,
doivent toujours présenter le même type d'organisation. Si la géologie nous révèle l'existence
d'anciennes formes animales qui ne se retrouvent plus aujourd'hui parmi la population vivante de la terre, c'est que les animaux auxquels
ces formes ont appartenu, par l'effet des révolutions dont ils ont été les victimes choisies, ont
disparu jusqu'au dernier sans laisser de postérité
après eux. Toutes les lignes d'animaux provien-
nent, avec la même originalité, de la création
des sept jours, et comme l'affirme M. Cuvier
dans son grand et savant travail sur les ossements
fossiles, les espèces perdues ne peuvent pas n'a-
voir été que des variétés des espèces actuellement vivantes.

Si au lieu d'imaginer que l'œuvre totale de la
création se soit ainsi agglomérée sur un seul point,
on aime mieux croire que les sept jours de Moïse
s'étendent indéfiniment, en deçà et au-delà,
jusqu'à remplir l'éternité tout entière, on n'est
plus obligé de se soumettre à la singulière
hypothèse que nous venons de dire. Les êtres
n'étant point créés en bloc, mais tour-à-tour, pa-

raissent sur la terre à mesure que leur temps est venu. S'ils y trouvent les mêmes conditions physiques que leurs parents, si leur développement y est soumis aux mêmes lois, ils prennent une organisation semblable à celle de ces parents. Si au contraire, dans l'intervalle des deux générations les conditions ordinaires de l'existence ont changé, si le développement des embryons est dérangé de son cours habituel, les êtres nouveaux éprouvent dans leur organisation des variations correspondantes à ces variations générales ou particulières sous le coup desquelles ils sont nés. Dès-lors il n'est pas impossible que les espèces actuelles soient liées par voie de parenté aux espèces différentes qui ont occupé la terre dans les temps antérieurs. Il y a donc lieu à essayer l'étude des variations que les races d'animaux peuvent subir dans la série de leur génération; il y a lieu à rechercher si, dans certains cas, l'organisation des enfants ne peut pas se montrer supérieure à celle des pères, de même que dans certains cas de monstruosité elle s'y montre inférieure; il y a lieu enfin à déterminer la loi des changements géné-

raux du globe, qui ont pu être cause des changements dans l'ensemble de sa population que
les observations géologiques nous révèlent; il y
a espérance de rattacher autour d'une loi simple tous les phénomènes si variés et si compli-
qués de la zoologie, de s'affranchir à cet égard,
comme à tant d'autres, des langes de la révélation écrite et de s'élever à l'intelligence philosophique de la révélation universelle. L'horizon
de liberté et de grandeur que ces doctrines
naissantes offrent à l'esprit humain est un bienfait que l'on doit tout entier à la science et que
l'on ne saurait trop reconnaître.

On comprend que c'est dans cette dernière
voie, diamétralement opposée à celle de M. Cuvier, que s'est placé M. Geoffroy. Les variations
de l'atmosphère terrestre, depuis les anciens
temps jusqu'à nos jours, constituent, selon lui,
le principe des variations qui se sont produites
d'âge en âge dans les espèces animales, toujours
obligées de se mettre en harmonie avec les conditions particulières du milieu où s'effectuait
leur respiration. Que l'air devienne plus rare,
soit que la terre l'absorbe, soit que l'oxygène y

diminue, il faudra nécessairement que les poumons, pour continuer à y remplir le même office, développent dans leur exercice des ressorts nouveaux, des formes nouvelles; et ce premier organe changé change aussi tous les autres. Si l'organisation des adultes, déjà fixée et rendue inflexible par l'âge, n'est pas de nature à se prêter à de tels changements, l'organisation des embryons, des êtres en train de se faire, pour ainsi dire, et encore souples à toute influence extérieure, ne sera pas si rebelle, et il est même évident *à priori* que, nés sous d'autres conditions que leur parents, leurs organes devront porter les marques de cette différence. Considérons, par exemple, le têtard d'une grenouille : il respire comme un poisson, il nage comme un poisson, il vit comme un poisson, c'est un poisson. A une certaine saison, l'action combinée de l'air et de la lumière sur cet animal détermine en lui une révolution importante; sous cette influence, de nouveaux vaisseaux sanguins se produisent, le sang s'y porte de préférence, et abandonne les anciens; de nouveaux organes formés par les afflux du sang se déve-

loppent sur le trajet de ces nouveaux vaisseaux;
d'anciens organes, privés de la nourriture qu'ils
recevaient auparavant, se meurent ou s'atrophient; le poisson perd sa queue et ses bran-
chies, prend des pattes et un poumon, devient
grenouille. Mais supposons que les influences
atmosphériques par l'action desquelles ces curieux phénomènes ont eu lieu viennent à cesser
de se manifester, le têtard demeurera à tout jamais ce qu'il était à son éclosion, et le petit de
la grenouille sera poisson. M. le docteur Edwards,
par des expériences fort curieuses, a fait voir
qu'en retenant sous l'eau des têtards, on pouvait
retarder ou même empêcher entièrement leur
métamorphose; il a donc fait voir que cette métamorphose n'a rien d'absolu. Ainsi il est avéré
que dans certaines circonstances et en raison de
certains effets de l'atmosphère, certaines organisations de poisson peuvent s'élever à un degré
d'organisation supérieur. Il existe dans les lacs
souterrains de la Carniole des animaux à peu
près analogues aux têtards des grenouilles et
qui, étant privés toute leur vie des conditions
d'air et de soleil qui font, si nous pouvons ainsi

parler, mûrir les têtards, demeurent aussi toute leur vie dans cet état inférieur et s'y reproduisent : qui sait si en soumettant ces animaux à un régime convenable, et surtout la nature aidant, on ne parviendrait pas à leur faire subir les mêmes transformations que l'âge produit chez les têtards, et à greffer ainsi une branche nouvelle d'animaux aériens sur une branche antérieure d'animaux aquatiques !

Mais cette métamorphose [1] peut se continuer : ainsi, que le sac pulmonaire de la grenouille ou d'un autre reptile, comme l'imagine quelque part M. Geoffroy, vienne à éprouver durant le

---

[1] Ces *métamorphoses* ; c'est de la poésie, et uniquement de la théorie inopportunément importées dans nos sciences à maintenir d'un caractère positif et sévère, prononce Cuvier : et lui, réputé le grand anatomiste de l'époque, semble ignorer la marche des variations qui s'observent dans la succession des vaisseaux sanguins d'un âge à l'autre. On dirait qu'il dénie l'ordre de leurs remplacements merveilleux qui constitue l'histoire de l'animalité dans son instabilité incessante; insistant seulement, et disant : Décrivons ce qui se voit. Ainsi j'éprouve des contrariétés à faire admettre des sujets de prix sur les métamorphoses entre les divers âges de la vie. Cependant dès

premier âge une certaine constriction dans son milieu, ce changement seul est capable de déterminer tout un développement nouveau d'organisation : l'air chassé par l'extrémité des poumons sur les parties plus voisines de l'ouverture, comme par un soufflet, augmente l'énergie de la respiration, la vivacité et la chaleur du sang ; et dès-lors la vigueur des muscles s'accroît, les poils ou les plumes se produisent sur la peau ; l'être qui avait commencé par être reptile comme ses parents, devient oiseau ou mammifère.

Nous ne pouvons qu'indiquer ici cet ordre nouveau de questions sans y entrer à fond ; mais

---

le premier programme qui est publié, un de mes élèves, M. Martin Saint-Ange, gagne la couronne offerte à la suite de ses magnifiques recherches sur les circulations sanguines des têtards et des salamandres, habilement étudiées et par l'emploi du scalpel et par celui du pinceau. Les têtards, poissons d'abord, sont promptement métamorphosés en reptiles quadrupèdes. L'illustre Edwards explique et comment et pourquoi apparaissent et se résolvent ces mutations dans le cercle vital d'une même espèce.

Et vous disiez ces travaux des sujets de déclamations pour des novateurs !! G. S.-H.

il nous semble que ce peu est suffisant pour
laisser entrevoir, au moins vaguement, toute la
portée de ces idées, et nous ne cherchons pas
davantage. Sans doute il s'en faut de beaucoup
que M. Geoffroy ait complété tout ce qu'il a en-
tamé, et il est clair qu'il n'a pas parcouru dans
leur entier tous les édifices dont il a si hardiment entr'ouvert les portes : on pourrait lui demander d'un côté les fondements de sa loi sur les
variations de l'atmosphère ; de l'autre le degré
d'initiative laissé dans ces révolutions à la nature
animale elle-même, une théorie de l'harmonie
des deux règnes, une application rigoureuse de
ses principes à la détermination des anciens
êtres, l'accabler, en un mot, sous un monceau
d'objections insolubles dans l'état actuel de la
science. Mais il n'a jamais prétendu avoir coordonné un système complet, et n'a jamais eu
d'autre but que de prêter aide pour sa part à
ceux qu'édifiera l'avenir. Il y a souvent plus de
mérite à faire le premier pas dans les routes
nouvelles que le dernier dans les routes frayées;
et ceux qu'a faits M. Geoffroy, particulièrement
dans la direction dont il s'agit ici, sont suffisants

pour sa gloire et pour la justification de la belle épigraphe *Utilitati,* qu'il a mise en tête de toutes ses œuvres.

Obligés que nous sommes de nous borner beaucoup, nous ne ferons qu'indiquer le sens de ses travaux sur la physiologie, sans en donner le détail. Adversaire constant de la philosophie des causes finales [1], sa tendance générale a été de montrer que les organes ne sont point créés en vue des résultats; il s'est proposé, pour tout résumer d'un mot, de changer la formule : « telle « est la fouction, tel est l'organe, » en cette autre formule plus conforme à l'ensemble de ses idées: « tel est l'organe, telle est la fonction. »

Il y aurait là matière à d'amples discussions.

---

[1] *Philosophie des causes finales.* Les Grecs qui rejetaient ou n'employaient pas l'étude des faits pour s'en tenir à leurs conséquences finales, voulurent tout connaitre et tout expliquer par la physiologie; erreur grave, qui les avait persuadés que l'on était venu à toutes les révélations désirables en vue des besoins. L'anatomie a repris son rang et il n'est plus permis que d'employer cette locution: Comme est établi l'organe, arrive nécessairement la fonction. G. S.-H.

car toute une philosophie est suspendue sur ce point; mais nous ne saurions les aborder ici. Il nous tarde d'ailleurs d'en venir aux célèbres travaux de M. Geoffroy sur les monstruosités. Il est le premier qui, en France, ait porté une attention vraiment philosophique sur cette classe si remarquable de phénomènes. Montaigne dit quelque part en parlant des monstres : « Les « monstres ne le sont pas à Dieu. » Cette belle et simple parole semble avoir formé la base sur laquelle M. Geoffroy a pris pied. Grâce à lui, la tératologie, ou la connaissance de ce que nous nommons les monstres, est devenue une science aussi régulière que les autres, et pour tout peindre d'un trait, les monstres ont cessé de l'être pour des hommes instruits! On a connu pour la première fois que les monstres étaient

---

¹ On disait d'eux autrefois qu'ils formaient des manquements aux lois générales, et qu'ils constituaient autant d'actes exprimés de prévarications. Pline, poétisant cette pensée y voyait la nature, ingénieuse dans ses travaux, occupée à nous étonner et à se divertir; *ludi-*

non des jeux ou des miracles de la nature,
mais des êtres conformes de tous points à ses
lois ordinaires, et différant seulement des êtres
normaux en ce que leur développement, troublé par quelques causes insolites, s'est accompli
aussi d'une manière insolite; ou, ce qui est le cas
le plus fréquent, s'est arrêté avant son dernier
terme. Les monstres qui avaient servi si long-
temps à ébranler la croyance à la fixité des lois
de la nature sont devenus au contraire entre les
mains de M. Geoffroy, et par les déductions qu'il

---

bria sibi, *nobis miracula ingeniosa fecit natura*. Château-
briand avait aperçu, dans ces échantillons des lois ou-
trageuses du hasard, un avis de Dieu, pour montrer ce
que *sans lui*, devient la création.

Il ne fallait point abandonner l'humanité à ces caprices
d'imagination, et je cherchai à savoir ce qu'il y avait de
sens dans cette proposition de Montaigne : « Les
« monstres ne le sont point à DIEU, qui voit dans l'im-
« mensité de son ouvrage l'infinité des formes qu'il y a
« comprises. »

Aujourd'hui la révolution sur les monstruosités devient une pensée de tous, surtout parfaitement éclairée
par l'admirable ouvrage de mon fils : la TÉRATOLOGIE.

G. S.-H.

a su en tirer, une des meilleures révélations que nous ayons encore obtenues sur ce point capital. L'étude des monstres doubles, en particulier, a mis M. Geoffroy sur la voie d'une loi générale d'une grande importance et que personne n'avait encore aperçue; nous voulons parler de la loi qu'il a nommée « *attraction de soi pour soi,* » et qui est le résultat de la tendance que les parties similaires dans les corps organisés ont à s'unir entre elles. C'est cette loi mise en avant et démontrée depuis long-temps par lui pour la physiologie et la tératologie qu'il a voulu récemment agrandir et élever aux proportions d'une loi universelle ; mais ce qu'il a fait à cet égard ne saurait être considéré que comme un prodrome, et le moment d'un contrôle sérieux n'est pas encore venu. Jusque là réservons cette belle loi aux phénomènes pour lesquels elle est démontrée, et ne cherchons ni à la louer ni à la contredire hors de la sphère où sa souveraineté est vraiment légitime. Il a donc été reconnu qu'en vertu de cette loi les monstres doubles résultent toujours de l'union de deux individus unis l'un à l'autre par les parties similaires, front à front, dos à dos, pubis à pubis, etc. : jamais d'autres rapports entre les êtres accouplés que ces rapports simples; de sorte que, même dans ces irrégularités, la régularité se montre encore, et la nature demeure fidèle à ses lois jusque dans les actes qu'au premier abord on pourrait nommer ses excès. De même que nous sommes formés de deux moitiés symétriques, primitivement distinctes dans l'acte du développement fœtal et postérieurement réunies par des organes similaires; de même les monstres doubles sont formés de quatre quarts symétriques, aussi primitivement distincts, et réunis plus tard suivant la même règle que les êtres normaux. Les monstres doubles, jugés philosophiquement, sont aussi harmoniques que nous-mêmes, et en supposant leurs membres parvenus, hors de l'état fœtal, jusqu'à l'élégance de la vie indépendante, ils nous offriraient de nouvelles créatures, non moins parfaites que celles qui habitent aujourd'hui la terre, et dans lesquelles Platon reconnaîtrait peut-être ses fabuleuses androgynes.

Il nous reste à parler des travaux d'anatomie

de M. Geoffroy[1] : ils ne sont pas moins éminents que les autres, et c'est tout dire que de rappeler qu'il ont servi à donner une base nouvelle à la zoologie. Grâce à eux la science des animaux a pris une simplicité si admirable, qu'à cette simplicité seule, si bien d'accord avec tout ce que nous savons de la nature, on devrait en quelque sorte les reconnaître comme marqués d'un sceau inattaquable de vérité. En observant les animaux, on ne peut manquer d'être frappé de l'analogie qui existe entre les organes destinés aux mêmes fonctions, même chez des espèces fort différentes : ainsi il est évident qu'entre la main d'un homme, la patte d'un lion et celle

---

[1] J'ai, à leur sujet, créé cette locution significative : *Unité de composition organique*, qui est présentement reçue dans la pensée publique et qui forme le fondement d'une ère nouvelle en zoologie. J'ai donc pu dire et faire comprendre sans révolter le sentiment général, comment les oiseaux sont dotés d'une organisation dentaire et comment l'homme, les mammifères et les poissons ont les ouvertures ou fentes d'oreilles fermées par les mêmes pièces ; là petites et rudimentaires, *les osselets de l'ouïe*, et ici grandes, étendues et *operculaires*.

d'un oiseau, par exemple, il y a certains traits de
ressemblance que l'on ne saurait méconnaître,
et qui de tout temps en effet ont été remarqués
par les naturalistes. Mais cette analogie, que
l'on n'avait jusqu'à présent considérée que
comme un principe vague et auquel la nature ne
s'est jamais rigoureusement soumise, M. Geoffroy, s'appuyant sur des observations anatomiques précises, s'est élevé jusqu'à en faire, sous le
nom de loi de l'unité de composition, une des
lois fondamentales de la zoologie. La nature,
suivant lui, n'a qu'une seule formule pour l'établissement des corps de tous les êtres terrestres :
tous ces corps sont construits sur le même plan
et formés avec les mêmes matériaux ; pour mettre
en lumière leur analogie dans toute sa netteté,
il ne faut tenir compte ni des formes des organes
ni de leurs fonctions, car c'est là le variable ; il
faut uniquement concentrer son attention sur les
pièces dont ces organes sont composés : c'est là
l'invariable. Ce n'est pas à dire, toutefois, que
les mêmes pièces se retrouvent toujours chez
tous les animaux ; mais toutes les fois qu'elles y
existent, elles y sont toujours dans le même ordre

et dans les mêmes connexions les unes à l'égard
des autres. Avec la loi d'Unité de composition, il
faut combiner celle du balancement des organes;
si une pièce déterminée vient à acquérir un développement exorbitant, cette prépondérance
agit nécessairement sur les pièces voisines qui
s'amoindrissent, s'atrophient, ou même finissent
par disparaître entièrement; la nature, en résu-
mé, n'a pour former les animaux qu'un nombre
limité d'éléments organiques qu'elle peut rac-
courcir, allonger, effacer, mais non déranger de
leurs places respectives.

Imaginez un instant un gouvernement qui aurait assigné le même plan à toutes ses villes, nu-
méroté à l'avance les maisons, et marqué l'emplacement destiné à chacune d'elles; il pourrait
encore y avoir variation, soit parce que le luxe
et l'ampleur des constructions pourraient se déployer de préférence dans un quartier ou dans
un autre, soit parce qu'un quartier voulant
prendre plus de grandeur que les autres pourrait attirer à lui des maisons situées sur ces limites et appartenant ailleurs à d'autres centres,
soit enfin parce que certaines maisons opulentes

pourraient dans quelque cas, par leur extension excessive, réduire aux plus exiguës proportions ou même accaparer entièrement le terrain assigné à leurs voisines, prendre, pour ainsi dire, deux ou plusieurs maisons dans leur dépendance et les fondre en une seule. En se transportant d'une ville à l'autre, on pourra donc observer certains numéros correspondant tantôt à des maisons vastes et monumentales, tantôt à des maisons abaissées et obscures, tantôt même faisant lacune entièrement; adjoints ici à un quartier, adjoints plus loin par un simple changement de circonscription à un quartier voisin : mais jamais on n'observera des numéros intervertis, et l'ordre dans l'intérieur de toutes ces villes sera constant. Tel est l'ordre de la nature à l'égard des animaux : les organes représentent les quartiers, les éléments séparés des organes représentent les maisons. Considérons, par exemple, l'extrémité du membre antérieur chez les diverses espèces, non pas dans ses fonctions ou dans ses formes, seulement dans les éléments dont il se compose, et nous y trouverons constamment l'analogie que nous venons

de dire. Chez l'homme et chez les singes, les
cinq doigts prennent un développemeut à peu
près égal, et demeurent distincts; toujours composée des mêmes pièces, la main, chez la chauve-
souris, s'allonge immodérément dans tous les
sens et se fait aile; chez la baleine elle s'étale
autrement et devient nageoire; chez le bœuf les
deux doigts intermédiaires deviennent usurpa-
teurs, les doigts latéraux privés de nourriture,
se réduisent à de simples ergots, et la main se
change en pied fourchu; chez l'âne et le cheval,
à part le doigt du milieu, tous les doigts s'atrophient, et la main n'est plus qu'un gros doigt,
accompagné de quelques osselets rudimentaires
et emprisonnés dans un ongle qui, enrichi de
son côté par ce surcroît d'existence, se change
en un sabot; chez certains reptiles enfin, le développement inusité du système des côtes fait
que le membre antérieur ne reçoit presque plus
de nourriture, perd la force de se produire,
demeure entre les muscles de la poitrine, se ré-
duit à quelques pièces seulement ou même dis-
paraît entièrement. Mais que le membre antérieur se réduise à quelques pièces, que son

extrémité soit un pied à sabot, un pied fourchu, une nageoire, une aile ou une main, ce sont toujours des éléments placés dans les mêmes rapports qui le composent, et il ne se trouve pas une partie chez le plus simple, qui ne retrouve exactement son analogue chez le plus compliqué.

La nature arrive toujours à son but avec le moindre effort et le moindre appareil possible : ayant à faire vivre des animaux dans toutes sortes de conditions d'existence, elle ne se décide point à créer autant de types distincts d'organisation; ce sera pour ainsi dire toujours le même corps dont elle se servira, le pétrissant en quelque sorte entre ses mains de manière à lui donner toutes les formes, à le rendre propre à l'exercice de toutes les fonctions, mais sans le disloquer et sans altérer en aucune manière sa composition intérieure.

Nous ne saurions dire ici toutes les preuves sur lesquelles repose cette grande loi si digne de la nature et de l'admiration de tous ceux qui sont voués à son étude, ni toutes les découvertes inattendues vers lesquelles elle a guidé sa science.

Qu'il nous suffise de dire que M. Geoffroy a dé
montré l'analogie parfaite qui existe entre les
petits osselets que l'on trouve dans l'oreille de
l'homme et des mammifères, et les os aplatis et
dilatés qui recouvrent l'ouverture de l'ouïe chez
les poissons, et servent au mécanisme de la respiration dans cette classe. Ce n'est certes ni de
la similitude dans les formes, ni de la similitude
dans les fonctions que l'on aurait jamais pu conclure un tel rapport, et l'anatomie, telle que l'a
comprise et pratiquée M. Geoffroy, est seule capable d'y conduire. Dirons-nous encore qu'il est
parfaitement établi aujourd'hui, en contradiction
d'un adage vulgaire, que les oiseaux ont des
dents? M. Geoffroy, confiant dans son principe de l'analogie, sorte de fil d'Ariane au milieu du dédale de la nature, a recherché ces
pièces chez les jeunes oiseaux, et les y a trou-
vées dans une position analogue à celles qu'elles
occupent chez les autres vertébrés : gênées par
le développement extraordinaire des mâchoires
qui s'allongent en bec, ces dents s'atrophient de
bonne heure et ne jouent aucun rôle, mais elles
tiennent leur rang, et il ne faut pas dire que les

oiseaux n'ont pas des dents, seulement qu'ils sont à cet égard dès le jeune âge ce que les mammifères ne sont que dans la décrépitude. C'est encore au moyen du principe de l'analogie appliquée à l'étude des insectes que l'on a reconnu, ce qui s'est encore autrement vérifié, que les insectes marchent sur le dos, que leurs pattes sont les analogues de certains appendices costaux, et que leurs ailes, principaux organes de leur mouvement, sont les véritables analogues des membres locomoteurs des vertébrés, tantôt absents, tantôt au nombre de deux, et tantôt au nombre de quatre, chez les vertébrés comme chez les insectes. On sent aisément toute l'importance de ces idées nouvelles, et tout le charme ainsi que toute la clarté dont se revêt la nature lorsqu'on la considère de ce point de vue. On aperçoit alors en elle jusque dans ses productions les plus complexes et les plus variées, cet ordre et cette harmonie qui nous la rendent si admirable dans les grandes œuvres du ciel. On y retrouve ce qu'avait pressenti le génie de Newton, lorsqu'après avoir médité sur le rapport et l'uniformité des planétaires, il écrivait d'inspiration sur les animaux ce vigoureux énoncé : *In corporibus animalium , in omnibus ferè, similiter posita omnia* [1]. On y sent la justification de cette grande et hardie parole de Leibnitz sur l'univers. « L'unité dans la variété. »

Il nous resterait, si nous avions à exposer ici les doctrines modernes dans toute leur étendue, à compléter ce que nous avons dit sur l'Unité de

---

[1] Goëthe reprend cet énoncé vigoureux , magnifique pressentiment du génie des mathématiques dans Newton , par les formules poétiques à son usage. « Telle est la puissance de la loi et des règles, à l'égard de ceux qui n'étudient que l'état normal des êtres : l'on se persuade à tort qu'il en devait être nécessairement ainsi , de ce que cela fut de tout temps et était resté stationnaire. Mais la loi des ressemblances est *fixe et invariable*, et elle est tellement vivante ainsi, que les êtres peuvent se transformer jusques dans la difformité , mais dans des limites déterminées. » *Goëthe, trad. de Martins, page* 165.

« M. G. S.-H. s'est donc pénétré d'une grande vérité que nous devons énoncer ainsi : c'est que la prévoyante nature s'est fait un budget, un état de dépenses bien arrêtées. Dans les chapitres particuliers, elle agit arbitrairement : mais la somme générale reste la même ; de sorte, que si elle dépense trop d'un côté, elle retranche de l'autre. » Goëthe, *ibid*, p. 176.   G. S.-H.

composition, et à en donner en même tems l'intelligence et le principe secret, en exposant les lumières jetées sur cette question par la théorie des inégalités de développement; en montrant comment tous les êtres, même les plus parfaits, l'homme aussi bien que tous ceux des classes supérieures, ont présenté transitoirement, aux diverses phases de leur existence embryonnaire, dans chacun de leurs organes, les conditions de ces mêmes organes dans les animaux placés au-dessous d'eux dans la série; comment le fœtus s'élève peu à peu de l'état de mollusque jusqu'à son état final, en passant par tous les états intermédiaires; comment, en un mot, les différences entre les diverses organisations sont, non point des différences de nature, mais seulement des différences dans le degré du développement; et comment, par conséquent, le même plan général de composition doit naturellement se retrouver chez tous les êtres. Pascal, en définissant les animaux des êtres entravés dans leur développement, avait en quelque sorte deviné ces grandes vérités conquises par notre siècle. Mais pour les mettre ici dans tout leur jour, il faudrait néces-

sairement invoquer les travaux d'autres savants,
qui n'ont pas moins contribué que M. Geoffroy
à leur établissement successif; il faudrait ouvrir
l'histoire d'une autre carrière scientifique, modeste et, comme celle de M. Geoffroy, plus connue des savants que du vulgaire, mais pleine de
gloire, et mémorable à tout jamais dans les annales de la philosophie nationale. Nous voulons
parler des savantes observations de M. Serres
sur l'embryogénie; il faudrait aussi faire compa-
raître l'Allemagne et lui donner sa part. Ce n'est
point là notre rôle. Constatons seulement que,
dans cette route inondée de tant de rayons
et foulée maintenant par tant de pas qui s'y
pressent à l'envi, M. Geoffroy a eu l'honneur
d'être un des guides de l'avant-garde, et, si nous
pouvons ainsi parler, un des porte-bannières [1].

---

[1] Je ne me refuse pas à tomber d'accord avec mon
savant et bienveillant biographe : et je me fais honneur
de la droiture et de la sincérité de mon opinion à ce
sujet; car pour parler ainsi, c'est que je songe à la citation de son écrit (*vide supra*, p. 310), c'est que je me fie

Les travaux de M. Geoffroy, long-temps sous-traits à l'attention du public, soit à cause de leur forme peu favorable à la propagation des idées, soit à cause de la prépondérance de M. Cuvier,

---

à la grandeur de la vérité exprimée par la locution *at-traction de soi pour soi*.

Suivant moi, tout ce qu'on peut souhaiter de mieux en faits et documents, touchant la physique céleste et la physique ordinaire étudiée à la surface de la terre, se ramène à bien saisir l'intelligence de ces mots *soi devant soi* et à goûter les explications théoriques *Principes, ou action phénoménale d'Affrontement*, que j'ai exposées dans mes études progressives : (*Loi Universelle*, 1835.)

Attraction, mot isolé dans les écrits de Newton, mais qu'employait déjà Keppler dans la locution significative *Traction des choses*, mot dès-lors identique ; c'était le terme d'une pensée qui devint une grande conquête au profit de l'humanité.

Mais cette considération doit seule préoccuper ; ce mot exprimait la connaissance de choses aperçues dans un état d'enfance, je dirais presque enveloppées dans les langes du maillot. Mais cette autre idée progressive qui est une marche de plus dans l'humanité, cette nou-velle forme, *attraction de soi pour soi*, est, si je ne m'a-buse, un immense progrès pour l'entendement humain, que j'oserais dire avoir passé à une *condition de viri-lité*, c'est-à-dire à un résultat de second âge. si je puis me permettre ces expressions figurées.

commencent à prendre dans le monde la place qui leur est due : M. Cuvier est une gloire qui s'en va, M. Geoffroy une gloire qui vient; l'une perdra avec le temps ce qu'elle a eu de trop, et

---

A chacun des deux termes, correspond leur loi secondaire, celle d'un développement spécial. I° ; quant au mot isolé *attraction*, Newton l'éclaire par le principe : *la raison inverse du carré de la distance et directe du volume des masses.* Mais quant au mot combiné, *attraction de soi pour soi,* cela demeure, conservant le sens des premiers rapports, et acquiert en outre nécessairement le développement de cet autre principe secondaire, je veux dire : *l'explication des règles applicables aux affrontements moléculaires et respectifs qu'amènent, les uns au-devant des autres, les doubles courants des fluides de l'électricité, magnétisme,* etc.

Voilà le soi devant soi qu'il faut parvenir à comprendre et qui deviendra ainsi la raison d'une théorie universelle de l'électricité. J'ai un volume à part à donner sur le développement de ces idées. Cependant me reste-t-il assez de jours pour que je puisse songer à l'entreprendre !

Mais qu'en ce moment j'en dise davantage, je ne serais pas mieux compris qu'en m'abstenant. Alors, qu'on cherche comme je l'ai fait, et on entrera dans des champs nouveaux de physique. A toute chose, son jour d'éclosion doit advenir.

l'autre gagnera ce qui lui a manqué. Ainsi l'avenir rétablira l'équilibre en ôtant à l'un pour ajouter à l'autre. On peut même dire que le jugement de la postérité commence déjà.

Je lisais en 1835 devant l'Académie des Sciences, une Introduction à mes grands travaux sur la lumière intrastellaire. J'étais plein de mes idées, que je confesse avoir obscurcies par un défaut de lucidité, quand je fus heurté par un dire retentissant et sorti de la plus haute capacité de l'Académie. Je demeurai stupéfait des formes interrogatoires; mais enfin l'on nous avait accoutumés à ces procédés : « *Expliquez-vous autrement sur ce que vous entendez par votre principe : soi pour soi!* »

Ce développement, je l'avais donné dans mon Mémoire *Loi universelle* en mes études progressives. Mais y avait-on regardé? Cependant c'était avec un sens parfait qu'on avait habilement saisi un joint pour m'interloquer. Dans mon enthousiasme pour l'admirable talent de l'illustre Newton, j'étais sorti des bornes. Je fus dur, il faut plus avouer, je devins injuste pour le haineux physicien, HOOKE, incessamment et odieusement hostile à Newton.

La remarque n'était pas assez ménagée, mais elle était fondée, et je l'avais ainsi reconnu au dedans de moi. Tout-à-coup ma tête se renverse et vient s'absorber dans des réflexions qui m'avaient vivement frappé, quand j'y donnai attention dans les écrits de Goëthe. Voici dans quel cas :

Le débat qui s'était allumé dans ces dernières années entre les deux savants naturalistes, et que la mort de l'un deux est venue malheureusement interrompre, a rehaussé M. Geoffroy aux yeux

J'ai lu en effet dans Goëthe, et cela se trouve aussi rapporté dans le troisième volume de Carus, dont M. le docteur Jourdan nous a heureusement donné une excellente traduction; tel est ce passage :

Goëthe y exhale comme il suit ses douleurs ou du moins y exprime son vif chagrin de n'être entendu ni compris de personne; c'est ainsi qu'il se lamente:

« Le plus grand tourment, dit-il, qu'on puisse éprouver, est de ne pouvoir être compris, lorsqu'après de grands efforts, l'on croit être arrivé enfin à se comprendre et à bien comprendre son sujet. On perd presque la tête, d'entendre toujours répéter l'erreur dont on est parvenu à se garantir, et rien n'affecte plus péniblement que de voir ce qui devrait nous unir aux hommes instruits et à de grandes idées, devenir la source d'une séparation à laquelle rien ne peut plus porter remède. »

Quand j'eus dès ce moment compris dans quel avenir de persécutions j'allais me précipiter, je me tus aussitôt et je me décidai de quitter Paris pour une vie solitaire à la campagne. Je m'y rendis sans livres. Un seul était sous mes yeux, le livre de la nature; celui-ci, où je voyais apparaître toutes les créations du printemps en *plantes*

des amis désintéressés de la science plus haut que
ne l'aurait pu faire aucun panégyrique. Le public s'étonna, en voyant les éclats de cette lutte
s'étendre jusqu'à lui par le retentissement des
journaux, que de si hardies et de si surprenantes
nouveautés lui eussent été si long-temps déro-
bées; et les argumentations de M. Cuvier, re-
cueillies et publiées par M. Geoffroy en regard
de ses réponses, parurent généralement un monument d'adresse et de dialectique bien plus que
de génie et de bonne foi. Les journaux se parta-
gèrent, et ce qui prouve en faveur de M. Geoffroy, c'est que les plus indépendants furent
pour lui.

L'illustre Goëthe, se rappelant les études de
sa jeunesse, se chargea lui-même de faire connaître à l'Allemagne, avec une solennelle impartialité, le sens de la querelle; et, mettant Cu-

---

et animaux. Mes idées n'en devenaient que plus ardentes; et je m'y précipitai avec encore plus d'opiniâtreté que de raison. J'ai raconté ces tourments de mon
ame dans mes *Notions de philosophie naturelle*, pages 19
et 20. G. S.-H.

vier à côté de Daubenton, tandis qu'il rangeait
M. Geoffroy près de Buffon, il montra assez clai-
rement au monde de quel côté penchaient les
sympathies de sa grande âme. « On doit con-
« clure, disait-il dans quelques pages écrites sur
« le seuil de la mort, que M. Geoffroy est véri-
« tablement parvenu à toute la hauteur de pen-
« sée où nous présumons que pouvait s'élever les
« points controversés. » Quant à nous, désirant
.de terminer ce court et incomplet historique
par un vœu que, nous l'espérons, l'avenir ne dé-
mentira pas, et osant nous faire l'organe de la
science et de notre pays, nous émettrons le sou-
hait que l'âge, qui déjà s'avance, ne soit pas pour
M. Geoffroy un motif de ralentissement et de
repos, et nous lui dirons à la fin de sa carrière
ce que Daubenton lui disait à son début : « Con-
« tinuez à faire que la zoologie soit une science
« toute française. »

Paris, janvier, 1837.

Rédigé par M. l'Ingénieur au Corps royal des Mines,
JEAN REYNAUD.

DE L'ESPRIT DE DIEU.

DE L'ESPRIT DE DIEU,

D'ÉCLATANTE MANIFESTATION

DANS LES PHÉNOMÈNES DE L'UNIVERS.

C'est à compter avec une conviction pleine et absolue sur de nouveaux succès de l'Humanité, en la voyant entrer dans les travaux du XIXᵉ siècle et déployer là une force de méditation et une pénétration de vues synthétiques à l'égard du savoir des choses. Acquérir, ce qu'il lui arrive alors de faire, de hautes révélations providentielles et gouvernementales, par un effet du concours et de l'action des éléments, qui éclatent et qui sortent *nécessairement* de l'infinité des mondes; montrer comment ces éléments coïncident dans leurs merveilleux accords et comment ils viennent saisir les ames par la ravissante contemplation des grandes scènes de la nature, c'est se porter sur l'admirable et l'immense spectacle des desseins de Dieu : c'est agir comme le psalmiste, qui s'est appliqué, excité par un sentiment poétique, à proclamer ce qu'il avait su concevoir, commenter et généraliser dans ce verset : *Cœli enarrant gloriam Dei.*

Déjà les livres saints avaient appris à ceux qui ont le bonheur de croire à leurs révélations, que l'homme, la dernière des créations de l'animalité, qu'un tel couronnement d'une aussi grande œuvre, avait été compris dans le travail des six jours, et qu'après cette œuvre produite, Dieu était entré dans son repos. Les recherches de la géologie au XIX⁰ siècle ajoutent l'autorité d'une observation conforme, en élevant les propositions de la Genèse au caractère de faits maintenant perceptibles pour nos yeux corporels.

Dans ces circonstances, il devient certain que l'homme moral et physique a dû traîner, durant plusieurs siècles, sa vie végétative, et qu'il n'a obtenu que tardivement son enfance entièrement dégagée du maillot. C'est le fait évident, qui sort des études géologiques ; tous les animaux ensevelis et aujourd'hui attestés par leurs débris fossiles, vivaient long-temps avant l'homme. La providence est nécessairement intervenue pour que les conditions du noyau ou germe de l'humanité, sans rien recevoir en plus du développement du progrès continu quant à ses formes matérielles, aient eu plus à tenir d'un perfectionnement encore plus psycologique que physiologique. A ce moment apparaît notre espèce capable de méditation et de pénétration dans les desseins de Dieu ; d'abord long-temps plongée dans le dénuement, elle a eu à commencer sa carrière d'être intelligent, en entrant en partage de ruses, de guerre et de conquête avec les animaux qui lui préexistaient.

L'humanité eut dès-lors ses phases d'instruction à traverser, un autre cercle d'opérations pratiques à parcourir pour atteindre des jours de lumières et de gloire. Mais si, de temps en temps, quelques hommes venaient providentiellement s'essayer dans les rudes travaux de la pensée, la rivalité des moindres et perverses capacités les dénonçait comme des novateurs dangereux. Avoir des idées différentes que celles de son temps, ce fut considéré et présenté par la superstition et la cupidité jalouses, comme des actes criminels et punissables. Socrate était un athée sur le motif qu'il croyait à un Dieu plus puissant que Jupiter; et Spinosa parut un autre protestant contre l'ordre public, parce qu'il demeurait en contemplation devant l'unité indivise de Dieu. N'avons-nous pas vu plus haut que Césalpin fut déclaré non moins coupable pour ses heureuses inspirations concernant l'association des êtres et l'étude de leurs rapports en histoire naturelle?

Il est vraiment déplorable d'avoir à citer de ces luttes à outrance entre des hommes dévoués, se consacrant à l'utilité publique, et des rivaux qu'éveillent les passions de la cupidité, de l'intolérance et de la poursuite des distinctions sociales. Ces désordres furent dans tous les temps: et je les ai éprouvés pour mon compte. Car, dans deux occasions on m'a aussi recherché sur le caractère de mes écrits, dans la vue d'en faire déclarer la tendance ultra-philosophique; on

allait à dire criminelle. Mais j'ai enfin reconnu
que l'esprit de Dieu n'abandonne pourtant point
définitivement le roulement des destinées humaines, puisque c'est aujourd'hui un fait à mon
égard accompli, que j'aie été heureusement protégé par des souvenirs plus attentifs, ceux équi-
tables de l'histoire.

Voici dans quelles circonstances, et c'est utile
à rapporter pour l'intelligence de ce qui va
suivre.

Une première fois, ce fut dans la grande chaleur des idées de terreur religieuse : les sentiments furent livrés à l'intérêt du parti-prêtre. On
combina les ressources d'un *journal du soir*, de
façon à en faire une tribune de dénonciation
contre les naturalistes aux idées prétendues
dangereuses. Ma personne et mes travaux étaient
nommément recommandés aux soins d'un sur-
veillant. Celui auquel ce département avait été
confié, était remarquable par une bonne foi
parfaite, mais il était d'un entêtement irréfléchi
dans des idées étroites qui viciait sa tactique.
Doué du talent des mathématiques, ce n'était
pourtant qu'un homme dénué de sens, d'intelli-

gence et de prévoyance : l'arme qu'on lui avait confiée périt promptement dans ses mains.

Dans une autre époque, après la révolution de 1830, on reprit ce genre d'exploitation, mais avec plus d'art et de circonspection. Un écrivain fut détaché du journal l'*Européen* pour venir, dans le *Dictionnaire de la Conversation*, écrire contre la philosophie anatomique. Il parut effectivement dans ce recueil un article biographique à mon sujet. On y vint déclarer ma vie pratique très honorable, mais mes doctrines fatales et dangereuses. Dans le récit du bien et du mal qu'on avait tracé sur mon compte, l'on paraissait n'avoir usé que d'une rigide impartialité. Cependant je ne pus me résoudre à accepter d'avoir ainsi servi de plastron à une fausse école de philosophie que l'on cherchait à établir. Comme on avait montré encore plus d'ignorance du fond de mes idées que d'instinct pour les attaquer, je résolus de les défendre dans le même recueil et dans le volume suivant. Je me tranquillisai ainsi, pensant que j'aurais les mêmes lecteurs, qui connaîtraient l'attaque et la

défense. Voilà ce qui me détermina à écrire les
fragments ci-après :

« **L'homme** naissant à la civilisation et aux
pratiques de la vie sociale ne sait d'abord rien
apercevoir ni rien imaginer par delà ses facultés
d'existence matérielle ; dans cela seul il doit penser que consistent uniquement toutes les essences de la création, en ce qui le concerne.
Or, s'avançant de plus en plus dans la pratique de la vie sociale, il devait finir par dési-
rer, il a souhaité de se faire une règle qu'il de-
manda à l'autorité des choses. De là sa soumission à de premières manifestations semi-
religieuses, et sa foi à cette autorité. Voilà ce
dont plus tard la philosophie a constaté l'existence, et ce qu'elle a désigné sous le nom de
panthéisme. C'était cette première manifestation religieuse, qui devenant des habitudes
suivies de vénération et d'adoration pour les
choses, a formé de vives et profondes convictions, lesquelles se sont dépravées par des atta-

chements à des images matérielles, et ont abouti au culte de l'idolâtrie.

« Sans doute, le nom de Dieu manquait à ces conceptions naissantes de l'humanité. Mais insistons formellement sur cette réflexion. Dans cette marche de développement humain, ce ne fut point impiété, mais ignorance. Le temps n'était point venu encore, que notre grande et sublime UNITÉ pût devenir un fait humain, fût révélée à une nature aussi imparfaite que l'était la nôtre au premier âge de l'humanité.

« Insister de nos jours sur cette distinction, je crains qu'on ne le trouve étrange. Toutefois, ce n'est point superflu, mais, au contraire, très nécessaire, du moment que l'on continue de méconnaître ce point de fait, qui me paraît digne d'occuper la pensée publique. Et il faut qu'il en soit ainsi, car je lis dans plusieurs pages du *Dictionnaire de la Conversation*, que les mots *athéisme* et *panthéisme* sont considérés comme pouvant indifféremment se transformer l'un dans l'autre, comme contenant la même acception, et comme se nuançant assez pour figurer au titre de synonymes. C'était agir, ayant perdu de vue l'origine étymologique et le sens primitif de ces termes.

« Au temps de Voltaire, l'on faisait même abus du mot *déisme;* mais alors ce n'était point méprise, mais malignité et jeu de partis en présence.

« Il fut dans tous les temps de ces partis, et ils subsisteront toujours, pour vivre hostiles dans des camps séparés, et s'attaquer réciproquement, l'un au nom de l'expérience sensible et basée sur des travaux d'analyse, et l'autre se renfermant exclusivement dans des vues abstraites et spéculatives, toutes conceptions synthétiques et rationelles. Il n'est point de questions élevées, qui, amenées à ces discussions, ne deviennent une arme maniée avec autant d'ardeur que d'irréflexion, et qui ne puissent donner lieu à entendre de ces condamnations où les mots de sophisme, de hardiesse, de propositions dangereuses et intempestives, soient prodigués.

« Ce sort est assez généralement réservé à la pensée exprimée par le mot *panthéisme.* A peine si l'on permet de rappeler que la chose fut la doctrine religieuse des premiers âges de l'humanité. Il faut avouer que, première conception de foi religieuse, l'antiquité vivait sur une idée aussi incomprise dans son but que dans sa portée d'avenir. C'est que cette idée avait eu le tort d'admettre sur le même rang les causes et leurs effets, le principe de la création et son mode d'arrangement, l'activité divine et l'inertie de la matière. Sur cela, je reviens sur mon dire précédent : ce fut uniquement un tort d'ignorance, tort inévitable à la nature des sens grossiers de l'homme, qui n'avait point encore été éclairée par les lumières de la révélation. Mais certes du moins, cette doctrine, dans son sens demi-religieux, ne méconnaissait point l'action d'un pouvoir surnaturel; conséquemment lui prêter l'intention de nier au fond, c'était, selon moi, la frapper d'une condamnation injuste.

« Quoi qu'il en soit, le panthéisme sur lequel reposa dans l'antiquité la première règle religieuse, qui la faisait consister dans le sentiment d'une pieuse vénération pour l'ensemble et les merveilles de la nature, n'offrirait-t-il de répréhensible qu'une fatalité d'ignorance et l'exagération de ses conséquences? L'on a cité contre elle ce condamnable abus de ses corollaires, la pensée de l'univers-Dieu, et, pour dernière conclusion, que TOUT, c'est DIEU ; et qu'ainsi DIEU, c'est TOUT ce qui EST.

Ces développements donnèrent à réfléchir : on répugnera toujours à attribuer à l'essence des choses matérielles une portée d'applications morales et d'ordre public; d'abord en soi, mais principalement quand cette essence des choses a contre elle de n'avoir point encore été suffisamment étudiée.

Voilà comme fut conçu d'abord et entendu le panthéisme. Mais serait-il destiné, comme quelques-uns le croient, à reparaître, toutefois profondément modifié ? Voyons, en aperçu du moins. La science confirme plutôt qu'elle ne nie que les révélations de nos livres sacrés sont œuvres émanées, ou de Dieu directement, ou provenant, sous son inspiration, de l'enfantement providentiel de la philosophie rationelle ; que nos livres saints, dis-je, engagent notre foi; ce qui pourrait être ainsi véritablement et ce qui en effet accorderait le présent avec le passé, si de nouvelles lumières, puisées dans la source des faits, dans de réelles révélations, celles des vérités naturelles, devaient donner un autre cours à nos vues théologiques. Dès-lors, il y aurait continuité et progrès éclairé dans la voie qui aurait toujours été suivie par le genre humain. Ainsi, le développement d'un immense circuit agirait sur soi et convergerait pour revenir à de meilleures applications de l'idée-mère profondément enracinée dans la pensée humaine : alors cette idée mériterait d'être accueillie, comme amendée et débarrassée de son bagage d'ignorance et de fausses vues ; pensées désordonnées, en quoi consistait le caractère de leur première émission.

Car, que ne doit-on pas attendre d'un savoir présentement plus approfondi et du sentiment qui y ferait appliquer cette plus haute intelligence pratique et si honorée de nos jours ; progrès qui élèvera l'ancienne proposition, en la rendant universelle, catholique et orthodoxe, au rang d'une doctrine ravivée, épurée et arrivée à démonstration. Du moins, je conçois ce

progrès comme comportant l'expression vraie
et l'essentialité d'un caractère de la nature ; je
veux dire des propriétés du vaste univers sou-
mises à l'empire du souverain auteur des choses.
Je songe en effet au parti que j'aperçois pouvoir
retirer de la sincère, loyale et judicieuse explication de ces saintes et mystiques paroles reconnues pour empreintes du caractère divin : *et
verbum caro factum est*. Mais pour que notre
pieuse et méthodique entrée dans cet ordre
nouveau d'idées nous soit facilitée, il faudrait
cesser d'être obsédé par ce fâcheux déchaîne-
ment d'habitudes que lancent certains écrivains
contre des idées qu'ils ne comprennent point,
mais qu'ils ne blâment que plus rudement. Croit-
on mieux servir la morale publique en poursui-
vant avec outrance (se trompant sans doute de
la meilleure foi du monde), en querellant avec
insistance toute tendance d'un caractère progressif, qu'on juge aller s'abriter sous le drapeau
de la théorie dite du *progrès continu?* Ce que
souvent on décide être un sophisme, pourrait
bien n'être qu'un fait puissant et éclatant de
l'humanité, dont le seul tort serait de n'être pas

assez apprécié et de ne l'être que de nos jours.

Cela posé, qu'il soit permis de récriminer ici et de faire entendre une légitime défense.

Ainsi, dans le *Dictionnaire de la Conversation*, tome XXX, page 124, l'on a traité avec beaucoup de sévérité des travaux scientifiques publiés sous le nom de *Philosophie anatomique*. On y admet « qu'il se trouve là partout un sophisme fondamental, lequel placerait dans les mains de l'élève une œuvre dangereuse et fatale. » Et, pour preuve de la justesse de cette allégation, l'on y dit savoir ce qu'a pensé et écrit l'anatomiste auteur du livre. « Ses idées générales roulent, dit-on, sur un principe qui est énoncé sous le nom d'*unité typéale;* conception fausse qui remonterait à la pensée *à priori* que les espèces actuelles descendent d'une espèce anté-diluvienne primitive, par voie continue de génération. »

Or, qu'oppose avec calme cet auteur, c'est de dire : « Rien de pareil ne se lit dans mes livres, n'y existe. Dans ma pensée, une espèce dite *anté-diluvienne* et qui serait dans la condition présupposée, deviendrait un non-sens pour ma doctrine. Et encore, que signifie ce mot *unité typéale* que vous m'attribuez? Ma pensée et ma locution usuelle, ce sont *unité de composition organique;* ce qui comporte une autre philosophie et une tout autre acception. »

Mais qu'il est peut-être regrettable qu'au lieu d'essayer ainsi de renverser un si chétif échafaudage par cette simple et explicite dénégation, l'anatomiste non compris n'ait point plutôt pourvu à cette restitution des faits par l'emploi et tout simplement par la transcription d'une pleine défense. Mais celle-ci, d'un de mes confrères, a été donnée, quelques jours après l'attaque, dans une feuille publique, et où figure entre autres, au sujet des principes de la philosophie anatomique, cette réflexion : « Qui oserait dire que l'histoire des sciences ne les enregistrera pas (ces principes) comme des découvertes égales à celle de Keppler et de Newton? »

Mais ne serait-on en mesure de se porter sur ces graves questions scientifiques qu'en citant et alléguant des opinions conformes aux points discutés? non. Qu'on consulte ce qui se passe chez la nation la plus avancée en matières philosophiques? Que présente l'Allemagne à cet égard? C'est chez ce peuple de penseurs une tendance qui se prononce de plus en plus pour les doctrines philosophiques; à la vérité, ce n'est plus sous l'ancienne forme et l'emploi du nom de panthéisme. Les idées s'altèrent ou mieux s'améliorent avec le temps. Et puis ajoutons : une classe de la société employait-elle son influence à proscrire ces idées dominantes? on imaginait alors quelques modifications. On prit un chemin détourné et l'on arriva à l'équivalent de l'ancien système, qu'on nomma *Philosophie de la nature*. D'habiles et profonds opposants, surtout en France, ne prirent point le change sur cette voie détournée, et ils proposèrent de proscrire ces études trop hardies sur la nature, tout aussi bien sous son nouveau nom que sous l'ancien. L'Allemagne fit une vive résistance : c'est que cette admirable nation croyait à sa mission, et que dans sa force de méditation, comme dans sa foi en l'avenir, elle était certaine de marcher à l'accomplissement de son œuvre providentielle.

La France, sans affecter une même assurance, a su prendre une part non moins grande à ce mouvement des esprits. Soigneuse à écarter toute conjecture hasardée, elle n'en fut toutefois que plus décidée à ces recherches, pour elle aussi d'un savoir plein d'avenir. Ses travailleurs abondent et ne redoutent plus à présent les spéculations qui touchent à la cime des idées philosophiques : c'est donc partout fièvre d'invention, de génie. (*Dumas*, *Pelouze*, etc.)

Ainsi nos études de la polarisation des fluides impondérés et des atômes justifient des espérances d'une si grande portée · car les gaz, on les dissèque pour ainsi dire ; et, dans l'examen attentif et scrupuleux de leurs parcelles, on en est venu à en rechercher, comme à découvrir la notion de leur essence première. Qu'on bataille toujours sur la valeur du mot *philosophie de la nature* et sur les nuances de l'acception de ce mot, mais du moins il ne saurait arriver qu'on n'accorde point à l'esprit humain d'être en pleine voie de succès à l'égard des choses.

L'heure est certainement sonnée de se porter courageusement sur les vues synthétiques qu'appelle présentement la contemplation unitaire des faits et essences de l'univers. Mais tout au contraire, l'on s'est rejeté de préférence dans le passé; au lieu de généraliser les faits de la science, fallait-il se faire un titre de gloire de n'avoir point imaginé de système? Cette insouciance d'action et d'*esprit de conduite*, ce devenait un étrange principe systématique, si le but était d'amener les plus hautes questions sur le point d'être résolues à ce résultat, qu'on se refusait de donner à leur égard les jugements synthétiques qu'elles faisaient pressentir. Le gouvernail tombait des mains au moment d'être nécessité à s'en servir.

Voilà du moins ce que l'on raconte très au long dans le 18ᵉ volume du *Dictionnaire*, précisément à l'occasion du plus grand fait intéressant l'espèce humaine, celui de l'avénement de l'homme sur la terre. « Surtout, est-il écrit page 476, ne demandez point à notre illustre chef d'école quelle put être l'époque où l'homme commença d'exister; si ce fut avant, si c'est après la dernière irruption des eaux; il ne répondrait rien de précis, et il préfère abandonner ces conjectures téméraires à N. N..., qui se sont occupés de *dépister* les premiers individus humains, jusque dans le paradis terrestre. » Et ce calcul de réserve est attribué à un chef puissant, non-seulement compétent en la question, mais qui de plus l'avait soulevée lui-même, et qui avait travaillé à faire avec gloire l'approche des matériaux de l'édifice à construire dans la suite. Ces divagations, c'était calcul.

Parce qu'on ne pouvait tout connaître à la fois touchant la venue de l'homme sur la terre, devait-on s'abstenir d'employer le savoir, et dès à présent le puissant enseignement des récentes observations de la géologie et de la zoologie ? Car déjà notre première révélation consiste dans ce fait acquis avec certitude, savoir : que l'homme est de création moderne eu égard à la plupart des animaux, à quelques égards ses congénères : et c'est, à n'en point douter, un fait certain, dès que l'homme ne fut point d'abord compris dans le nombre de ces premiers trésors de vie et d'arrangement organiques, ayant existé dans les âges anté-diluviens.

C'est donc après tant de merveilles, d'événements tous accomplis, et à la suite de tant de formations vivantes, si anciennement préexistantes, que l'homme aurait pris position au milieu d'elles. Le dernier né de la Création des *six jours*, il en est le plus éclatant produit : ce magnifique enfantement de la puisance créatrice, *œuvre de la sixième journée du travail ;* ce don providentiel pour la splendeur du globe terrestre ; c'est cela que maintenant nous sommes appelés à connaître. Et nous répugnerions aux satisfactions d'aussi admirables et glorieuses études ! Ce couronnement pour notre globe nous apparaît comme une réelle émanation du doigt de Dieu ; car l'apparition de l'homme sur la terre coordonne et achève le sublime arrangement des choses en ce qui concerne notre planète. Ainsi, Dieu s'est donné, et en effet sa créature lui apporte l'appui d'un actif et tout puissant ministre : Dieu en est aidé dans les soins d'administration, en ce qui concerne la terre, ceux de police à l'égard de l'ordre voulu par son éternelle sagesse concernant les mondes.

Que de choses d'un aussi grand intérêt sont à déduire de ce fait primordial ! que d'autres révélations, pour le compléter et pour le mieux comprendre, seraient à rappeler en ce moment!

Mais ce n'en est point ici le lieu : je suis appelé sur le terrain d'une défense personnelle. Je desire m'en tenir là, sans me laisser prévenir par aucun ressentiment, et m'en tenir à ces considérations.

CONCLUSION.

Les Corollaires à déduire du précédent
Mémoire et le corps d'Annotations explicatives que j'ai promis de rédiger (*vide supra* 271),
m'amenaient nécessairement à écrire un Traité
de théologie : j'hésite à l'entreprendre ! Serait-ce indéfiniment que j'ajourne l'exécution
de ce dessein ? Peut-être. C'est que, de quelque
force d'ame que, dans son ardeur d'investigation, soit doué un naturaliste, et quelque
pénétré que le fasse son caractère d'utile inventeur, il est toujours difficile d'échapper à des
causes de découragement.

Or voilà ce que j'ai tout-à-coup éprouvé. Des
hauteurs sociales, des actes de mésestime sont
venus m'assaillir vers la fin de ma pénible et

longue carrière, des démarches avaient été entamées et poursuivies auprès de personnes influentes, mais sur-tout une convoitise tristement fatale et avouée qui s'est prise à déranger ma vie habituelle ; pouvais-je résister à ce décri de ma personne? Dès-lors je tombai dans la situation d'une *vieillesse outragée*, dont je regrette de n'avoir point pu réprimer la vive susceptibilité.

Cet état de choses avait été connu de Bossuet et de Buffon; mais eux, du moins, l'ont traversé sans dommages par trop ruineux (*Voyez troisième Annotation*, pag. 137 et 155).

Ma position devint, depuis décembre dernier, une suite d'humiliations dans le Muséum d'Histoire naturelle, où sont cependant et demeureront à toujours tant de témoignages de mes labeurs incessants et de ce dévouement désintéressé, qui m'a induit à refouler, en dehors de ma vie de *naturaliste*, toutes occasions de fortune et de lucre. NAPOLÉON me voulait préfet à mon retour d'Égypte!

Chaque année, faisant mes cours, mes convictions scientifiques acquérant de plus profondes racines, comme mon zèle s'exaltant davantage pour honorer nos gloires françaises, je revenais sans cesse avec prédilection sur les titres glorieux de notre grand chef d'école, sous le point de vue de la *Philosophie de la nature;* et je me voyais dans cet entraînement admirablement secondé par la savante Allemagne, dirigée elle-même dans ses nobles sentiments.

Et, en effet, son grand poète, son naturaliste synthétique lui avait enseigné cette *Philosophie de la nature*, dont Goëthe avait, disait-il, puisé les premiers germes dans Buffon.

Je me suis montré, il est vrai, sensible à cette justice à rendre à notre maître : et pour établir définitivement ce dont le renouvellement des idées philosophiques était redevable à l'accroissement de gloire de Buffon et de la France en droit d'admirer davantage ce grand homme, je me suis livré aux études, j'ai écrit le morceau, qui commencent ce volume.

Mais en définitive, ce fut seulement la nature des choses qui mit G. Cuvier sur le second plan comme zoologiste; Goëthe et les naturalistes de l'autre côté du Rhin l'avaient ainsi proclamé. Cuvier y fut sensible, au point, qu'arrivant en 1830 la célèbre controverse de Paris, il plaça dans son argumentation du 5 avril une phrase blessante[1], citant et improuvant les Allemands.

Cette phrase, qui pouvait encore plus compromettre alors le naturaliste son compétiteur à Paris, aggrava le cours des désappointements qui affligèrent Cuvier, dès que l'intervention de Goëthe y fut connue.

Ceci porté à la connaissance d'un ami intime, aujourd'hui l'une de nos grandes illustrations ministérielles, lui suggéra cette pensée : Ne pourait-on pas conjurer cet échec, dont Cuvier eut

---

[1] « Je sais bien que, pour certains esprits, il y a derrière cette théorie des analogues, au moins confusément, une autre théorie fort ancienne, réfutée depuis long-temps, mais que quelques Allemands ont reproduite au profit du système panthéistique appelé *philosophie de la nature*. »

C'est cette note qui causa le courroux de Goëthe : ce chef octogénaire du système se ranima; il se porta juge des débats, et on l'entendit exhaler cette menace : « Que n'ai-je encore quelques années de vie! j'ai un volume in-4° à produire dans ce grand intérêt philosophique.» Ce furent les dernières paroles de ce maître.

à souffrir? et le moyen d'y réussir, ne serait-ce point de créer, sur les deux théâtres où il s'est illustré, deux grandes chaires, l'une au Collège de France, et l'autre au Jardin-du-Roi, celle-là pour le cousin, celle-ci pour le frère ? Dans ce revirement, je devais être et je fus atteint dans ma position personnelle.

Mais OUBLIONS tous mes soucis à ce sujet, montrons que, malgré nos dissentiments scientifiques, je n'ai jamais cessé d'être, pour mon ancien compagnon d'Études, qu'un ami cordialement dévoué. C'est en restant l'âme libre de tout ressentiment, usant uniquement de la ressource qui m'est conseillée, *prescrite* même pour la restauration de ma santé, bien compromise par les derniers événements.

J'irai donc à l'Étranger chercher quelque peu de la considération, des sentiments d'estime, qui ne me sont plus accordés sur le théâtre de mes travaux.

TABLE.

FIN DE LA TABLE.